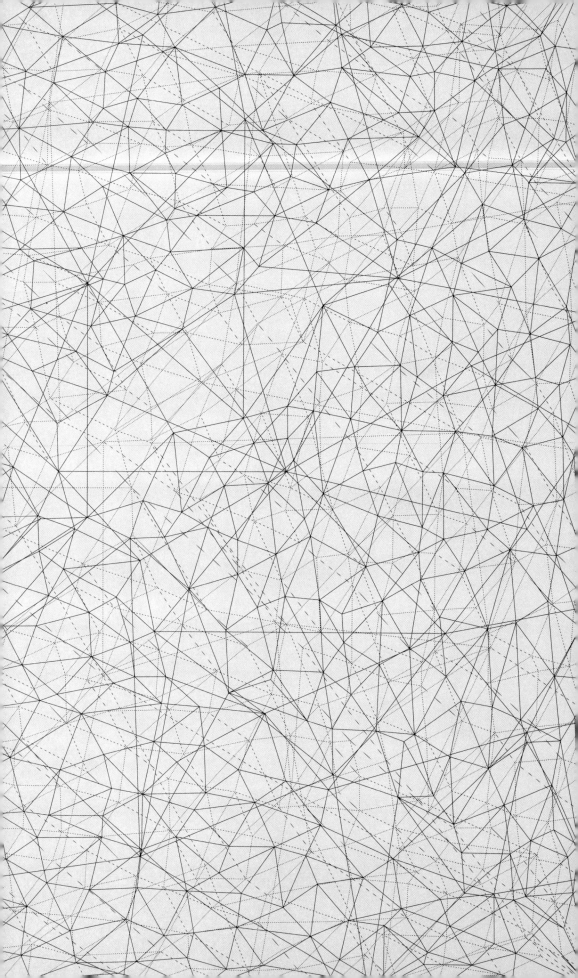

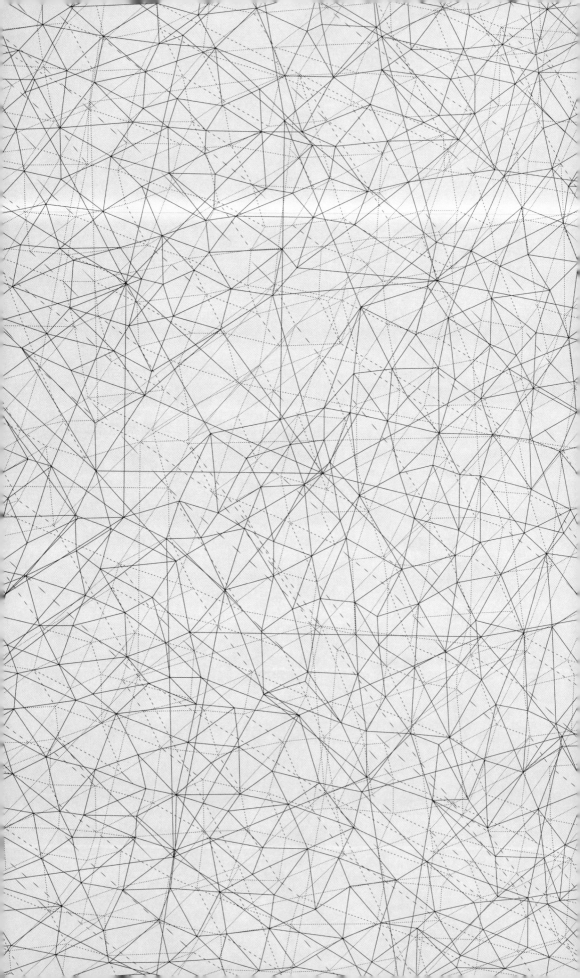

英华学者文库

超越翻译

——罗选民学术论文自选集

罗选民 著

Beyond Translation:

Selected Essays of Luo Xuanmin

高等教育出版社·北京

内容简介

　　罗选民教授在翻译学、英汉语对比和话语分析、比较文学和跨文化传播研究等领域成果丰硕，本书收录其在翻译研究领域发表的文章共13篇，这些论文的语料丰富，史料翔实，具有跨学科的特点，在理论探讨和作品阐释上富有前瞻性和独创性，其主要观点已在国内外一流学术期刊上发表，得到学界的高度评价。

总　序

27年前，在吕叔湘、柳无忌等前贤的关心和支持下，中国英汉语比较研究会获得民政部和教育部批准成立。经过几代人的不懈努力，如今，研究会规模不断扩大，旗下二级机构已达29家，其发展有生机勃勃之态势。研究会始终保持初心，秉持优良传统，不断创造和发展优良的研究会文化。这个研究会文化的基本内涵是：

崇尚与鼓励科学创新、刻苦钻研、严谨治学、实事求是、谦虚谨慎、相互切磋、取长补短，杜绝与反对急功近利、浮躁草率、粗制滥造、弄虚作假、骄傲自大、沽名钓誉、拉帮结派。

放眼当今外语界，学术生态受到严重污染。唯数量、唯"名刊"、唯项目，这些犹如一座座大山，压得中青年学者透不过气来。学术有山头，却缺少学派，这是一个不争的事实。在学术研究方面，理论创新不够，研究方法阙如，写作风气不正，作品细读不够，急功近利靡然成风，这一切导致草率之文、学术垃圾比比皆是，触目惊心，严重影响和危害了中国的学术生态环境，成为阻挡中国学术走向世界的障碍。如何在中国外语界、对外汉语教学界树立一面旗帜，倡导一种优良的风气，从而引导中青年学者认真探索、严谨治学，这些想法促成了我们出版"英华学者文库"。

"英华学者文库"的作者是一群虔诚的"麦田里的守望者"。他们在自己的领域里，几十年默默耕耘，淡泊处世，不计名利，为的是追求真知，寻得内心的澄明。文库的每本文集都收入作者以往发表过的10余篇文章，凝聚了学者一生的学术精华。为了便于阅读，每本文集都会分为几个相对独立的部分，每个部分都附有导言，以方便读者追寻作者的学术足迹，了解作者的心路历程。

我们希望所有收入的文章既有理论建构，又有透彻的分析；史料与语料并重，让文本充满思想的光芒，让读者感受到语言文化的厚重。

我们整理出版"英华学者文库"的宗旨是：提升学术，铸造精品，以学彰德，以德惠学。我们希望文库能在时下一阵阵喧嚣与躁动中，注入学术的淡定和自信。"随风潜入夜，润物细无声"，我们的欣慰莫过于此。

我们衷心感谢高等教育出版社为本文库所做的努力。前10本即将付梓，后20本也将陆续推出。谨以此文库献礼中国共产党建党100周年！

中国英汉语比较研究会会长　　罗选民

2021年秋

自　序

一

　　我在学校念书不多，从小学、中学、大学到研究生，加起来大概也就是12年，相当于现在一个高中生的校龄。

　　小学刚到六年级就碰上了轰轰烈烈的"文化大革命"。初中阶段基本上没有接受过正规的学校教育。1970年初中毕业时，我还不到16岁，一纸大红榜把我分配到了农村的广阔天地，接受贫下中农再教育。

　　一年在农村锻炼，七年在街道工厂炼胶，社会成了我最好的人生课堂。我阅读了大量文学、哲学、历史方面的书籍，还鬼使神差地自学了英语，这使我在参加"文化大革命"后第一次高考时，能够把握机会，顺利进入师范学院学习，从而掀开人生的新篇章。

二

　　虽然我在衡阳师范专科学校待了不到三年，但大学学习给我的英语打下了较为扎实的基础。毕业后我留校任教，最初只是助教，批改作业什么的，还没有上课的资格。一年之后，我遇到了人生中又一次机会，顺利通过考试，被北京外国语学院（简称"北外"，现北京外国语大学）首届高校教师研修班录取。这是教育部委托北京外国语学院组织的研修班，学员全部是高校教师。我们与北外1978级英文系学生一起学习。这一年，我主修了三门课："美国社会与文化""美国文学"和"高级英语"。"美国社会与文化"由邓炎昌教授主讲，拓宽了我的思维空间，让我学会从社会学角度去思考问题和分析问题。"高级英语"是由朱柀榴先生主讲的。他上课不用看教材，把文章讲得深入浅出，学员们十分佩服。"美国文学"是大班课，由美国专家 Larin Despain 讲授。她是一位漂亮而又十分感性的教师，在分析文本时，会被情节打动，然后热泪盈眶。这让我们深深地感受到了文学的魅力和文字的力量。这一年，我在北外还观看了郑小瑛指挥的《卡门》交响曲演奏，克里木演唱的《塔里木河母亲河》。这是我人生中非常重要的一年，知识面扩展，思辨能力大大加强，情操得以陶冶，精神得以升华。

正因为这段经历，1985年我报考硕士研究生时，选择了北外，报考专业是美国社会与文化。笔试成绩还不错，但复试成绩不甚理想，最终被转到了张道真先生主持的应用语言学研究生班。半道出家的我，第二个学期（1986年春）竟然从外籍教师 Sargent 博士手中拿到了"话语研究"课程论文的最高分（5+），这让包括语言学方向在内的所有同学对我刮目相看。

Sargent 博士是由英国教师协会（British Council）派来北外任教的，在学术上非常自傲，从不轻易给学生高分，凡是有他参加的研究生答辩，必有通不过的论文。我要感谢 Sargent 博士对我的认可，尤其感谢他开设了"话语分析"这门当时比较前沿的课程。因为选修这门课，我有机会阅读了范戴克的四卷本《话语》，德博格兰特和德勒斯勒的《话语语言学导论》，韩礼德的新著《功能语言学导论》，以及布朗和尤尔的《话语分析》等语言学经典。

此外，我还选修和旁听了其他一些语言学课程，如陈琳教授的"应用语言学"，周谟智教授的"音位学"，陈鑫柏教授的"高级句法"（形式语法），屠蓓教授的"社会语言学"，阅读了不少英文的语言学书籍。这些语言学训练对我后来做文本分析和翻译研究十分有用。

研二末期，许国璋先生邀请北京大学马希文教授做计算语言学系列讲座，见我从不缺席，无知无畏，大胆提问，便希望招我在其门下攻读博士。因此，北外1985年招收的英语、日语、俄语三个研究生班中，我是唯一留校撰写硕士论文的学生。但许先生并不希望我用论文参加硕士学位答辩，而是希望我以此论文取得直接攻读博士学位的资格。尽管我努力了，但我的工作单位衡阳师范专科学校坚决不放人事档案，读博一事功亏一篑，只有作罢。

我的硕士论文把话语语言学与翻译结合起来研究，当时在国内还比较少见。小句理论和话语翻译的认知模式是我硕士论文的主要创新点。我的阅读主要涉及汉语和英语的语言史和语法学，研究方法不仅有归纳，还有演绎。

叶斯泊森的《语法哲学》对我启发很大。我从一开始就不能以"信、达、雅"说服自己来做翻译分析。我认为那是美学的东西，是感悟性的，只可意会，不可言传。在翻译中，翻译现象应该是可以得到描述的，在形式上应该是可以得到论证的，翻译理论应该具有可操作性。翻译学科只有做到了这一点才能在人文学科中有一席之地。

在进行英汉翻译例句的有效性对比时，我发现了仅仅从语言学分析中不可能出现的情形，即一些英语介词短语常常在汉译中变成小句。如"to my surprise"，在英语中这只是一个介词短语，但在译文中几乎毫无例外地以"这让我感到非常吃惊""我感到十分惊讶"等小句出现。这一现象是英汉对比分析特有的现象，以前虽也有先贤提及，但并没有人把它系统化和理论化。英国著名语言学家夸克的《当代英语语法》颠覆了传统的语法分析，把英语句子分为句群和小句，后者又可进一步分为限定小句、非限定小句、无动词小句。但在英汉翻译分析中，夸克的分类法就无法解释上面英汉翻译的情形。如果一个翻译理论的描述和分析不能概括所有的翻译（语言）现象，那就存在理论上的缺陷。我的硕士论文在限定小句（finite clause）、非限定小句（non-finite clause）、无动词小句（verbless clause）之外，提出动名核小句（nuclear clause）。分别以 Ca、Cb、Cc 和 Cn 四种符号来指代这四类小句。每种类型的小句下面又有若干不同的形态，它们可以用不同的公式来分析不同的句群或话语。我的这项研究激活了语言学路向的翻译单位研究，后来，语言学研究中对"语块"（chunk）的关注也可视为类似研究的延伸。这个研究不仅仅对翻译有指导意义，对阅读、写作、英汉对比教学，甚至机器翻译和汉语语法都有方法论层面的意义。它不仅适用于英汉翻译，而且适用于其他语言之间的翻译。

我的硕士论文答辩是1988年上半年完成的，最终获得了"优秀"的成绩。

后来，该论文因具有较大的创新性和应用价值，被编入浙江教育出版社出版的《中国人文社会科学博士硕士文库·文学卷》。文学卷从1980年以后的10多年里涌现的数以万计的博士和硕士论文中遴选出40篇论文，外语学科仅占三篇，两篇文学方向的博士论文分别出自中山大学区鉷（导师戴镏龄）和北京大学辜正坤（导师李赋宁），还有一篇便是我的硕士论文《建构话语语言学的翻译理论》，导师是早期毕业于清华大学的刘承沛教授。该硕士论文的不同章节后来分别发表在《外语教学与研究》《中国翻译》《外语与外语教学》等外语类核心期刊上。

至今，学界许多人写东西，都是在西方理论模式下进行的，甚至在方法上、材料上都带有大量的模仿痕迹，但我的硕士论文无论在框架上还是体系上，都深深带着中国学术的烙印，这一现象在20世纪80年代中后期比较少见。那时，国内从事话语研究的人屈指可数，我关于英汉小句和翻译单位的对比研究在当时的外语界乃至汉学界都是阙如的，研究成果至今也为学界所认同。这一点让我感到十分欣慰，因为我没有辜负许国璋先生和刘承沛先生两位前辈的提携。

杨自俭先生后来将我发表在《外语教学与研究》上的文章《论翻译的转换单位》收入他主编的《翻译新论》中，他在书中的主编按语是："他首先区分了话语层翻译的分析单位和转换单位。这一区分很有见地，而且符合翻译的思维过程。……罗文把小句作为话语层翻译的基本转换单位，这在译界是一个创见，过去无人论及过这个问题。这一研究从方法论上讲，也是一个大的进步，由静态分析进入了动态分析，由备用研究发展到了使用研究。"（杨自俭，1995：508）

三

1993年，谢天振先生和我在长沙铁道学院发起、成立了中国比较文学学会翻译研究会，乐黛云、陈惇、孙景尧等都发来贺电。谢先生做文艺学派的翻译研究，我因此也从语言学翻译研究进入了文化学派的翻译研究。其实我一直试图超越传统的翻译研究，我坚信，做翻译也罢，做翻译研究也罢，一定要超越翻译，一如古人所云：作诗，功夫在诗外。翻译亦是如此。

1995年，我获得国家留学基金委资助，在若干邀请中，选择了美国耶鲁大学，在比较文学系做访问研究员（visiting fellow），导师是耶鲁解构学派的领军人物之一，杰弗里·哈特曼教授，还有系主任彼得·布鲁克斯教授。在耶鲁大学，我听布鲁姆教授讲莎士比亚，听费尔曼教授讲文学与心理分析，听哈特曼教授讲心理创伤和大屠杀档案库，听布鲁克斯教授的叙事分析，向巴赫金研究专家何奎斯特教授请教对话理论，还和桂冠诗人贺兰特教授谈诗歌分析与翻译。常有联系的还有东亚系的孙康宜教授，著名诗人郑愁予，康正果、刘新民、杨晓滨等人。这段时间，我读了不少文艺批评类的书，主要研究领域也是文学批评与翻译。

在耶鲁期间，我还和美国德克萨斯大学奥斯汀分校的安德鲁·勒夫维尔教授有密切的邮件往来，探讨文化翻译以及中国翻译的现状。勒夫维尔教授与英国的苏珊·巴斯奈特是国际翻译学文化转向的领军人物，有着诗人一般的激情。当我提出做一个与他相关的访谈时，他欣然应允。我们通过电子邮件讨论翻译问题，他十分认真地回答了我的问题，并就我的论点提出他的看法。1996年初，我们的访谈已经杀青，他突然又给我写了邮件，大意是还要对文中的某点进行补充。就在同年三月，我回国不久便得到他妻子发来的邮件，被告知勒夫维尔教授因血癌去世。邮件不长，只有短短几行，却让我的心翻江倒海，久久不能平静。我把访谈整理成文，及时发表在台湾淡江大学著名英文期刊 *Tamkang Review*（《淡江评论》）上，紧接着，《中国比较文学》用最快速度翻译并发表了这篇访谈。这篇访谈成了勒夫维尔教授的绝唱，这是我万万没有想到的。

1995年，我开始主持国家社会科学基金项目"话语分析的英汉语比较研究"，三年后结题，书稿获得学术出版资助，由湖南人民出版社出版。我的运气很好，2001年，在我调入清华大学后的第二年，该书便获得北京市第七届哲学社会科学优秀成果奖二等奖。2005年，专著《文学翻译与文学批评》由人民文学出版社出版，同年被收入《中国学术年鉴》（人文社会科学版，2005），该年度另外入选的五部外国文学类学术著作的作者分别是申丹、叶舒宪、王宁、刘建军、林精华。

四

我是作为翻译学科方向学术带头人被清华大学引进的，调动手续在1999年12月底完成，故工作证编号是"1999XXXX"，这意味着我是在清华大学迈入了21世纪。

清华大学有深厚的历史底蕴和丰富的学术资源，在20世纪20年代，就有吴宓、陈寅恪教授翻译课程，校友中后来成为翻译大家的有罗念生、梁实秋、孙大雨、查良铮、许渊冲、金隄、江枫等。

在清华大学这个得天独厚的平台上，我的翻译研究兴趣发生了变化，完成了从语言学翻译向文化翻译的过渡，我开始从翻译角度关注中国历史和现代性问题，甚至还从翻译角度思考教育、宗教学等方面的问题。后来的许多课题都与近现代作家和翻译家案例有关，但无论何时，挖掘史料与语料、细读文本、跨学科，一直作为一条主线贯穿于我的学术研究。

2002年，我在清华大学建立了院级科研机构"翻译与跨学科研究中心"，以本校外文系从事翻译与跨文化研究的多语种教师为主，吸收了其他院系的相关学者，如历史系的彭刚教授（现任清华大学副校长），新闻传媒学院的史安斌教授等。在几年时间里，我们举办了多次国际会议，出版了英文刊物，还建立了官方网站，一时间十分红火。

2004年，在中国译协领导林戊荪先生的协调下，国际翻译家联盟（Fedaration Internationale des Traducteurs，简称FIT）将"第四届亚洲翻译家论坛"的会议地点定在清华大学，由中国译协与清华大学联合承办，论坛主题是"翻译、认知与跨学科研究"。这一届论坛办得十分成功，国际译联主席和来自20多个国家的知名学者参加了会议。2006年，在中国译协的支持下，外文出版社出版了三本高质量的会议论文集，书名分别是：《语言认知与翻译研究》《文化批评与翻译研究》《跨学科翻译研究》。最后一本可能是国际上第一本以跨学科翻译研究命名的书。从参与会议的策划、筹备、组织到论文集出版，我付出了近三年时间，其中辛苦自知，但当看到一个成功召开的高档次国际学术论坛和三本装帧精美的高质量论文集时，作为主编的我感到十分欣慰。

现在回想起来，在21世纪初成立"翻译与跨学科研究中心"，以翻译、认知和跨学科研究为主旨召开国际学术论坛，在国际上并不多见。我这样说是有道理的。大概是在2005年，国际翻译与跨文化研究协会（The International Association for Translation and Intercultural Studies，简称IATIS）要在欧洲召开一个大会，因为我是该学会的创始成员之一，故提议在大会主论坛之下组织一场"翻译与跨学科研究"专题研讨会，我的提议被主办方的某个西方学者否定了，理由是跨学科概念太宽泛，未能在国际学术界达成共识，组委会甚至连我个人参与的资格都未予通过。具有讽刺意味的是，几年后，国际翻译与跨文化研究协会召开的一次大会采用了跨学科翻译研究作为大会主题，跨学科翻译研究现在已成为一个热门主题。

五

我给本书取名"超越翻译"，意指我做的不是传统意义上的翻译研究，而是从文化视角和历时语境来审视翻译人物、翻译活动、翻译作品，偏重个案研究、细读文本、挖掘史料与语料，强调对比分析，有明显的跨学科研究特色，以上所有，读者都可以从我的自选集中有所发现。

再后来，我开始从国家文化层面来思考翻译问题，考虑跨文化传播中的翻译效度问题。为什么莎士比亚的作品可以风靡全球，而汤显祖的作品却做不到？是戏剧作品本身优劣的问题，还是译作质量的问题？或者是传播渠道的问题？如何培育世界文学经典？翻译作品如何可以产生全球性的文化记忆？翻译是一个非常复杂的活动，存在许多变量，传统的翻译研究比较保守和落后，无法解答以上所有问题。翻译研究对象应该是多维的，双语译本、图文翻译、语内翻译、电影演绎、戏剧改编、儿童作品翻译等，都应该纳入研究。我将林林总总的翻译活动称为"大翻译"。举凡具有世界级影响力的作品，必定是大翻译的凝练结果，必定形成了世界性的文化记忆。我的观点发表在*Asia Pacific Translation and Intercultural Studies*期刊上，根据劳特里奇出版社的统计，在同年所有发表在该刊的文章中，我有关"大翻译"的文章"Big translation and cultural memory: The constrution and transmission of national images"下载量排名第一。此外，我还在该期刊上发表了"Translation as educational performance"，以及"Academic journals of translation studies and the promotion of academic standards, artificial intelligence and the crisis of translation""What can intralingual translation do?""Translation and diaspora literature"等一系列关于跨学科研究的文章，都得到了不错的反响。

在超越翻译方面，我不仅做了个人的学术研究，还通过创办学术刊物、主办永久性的学术论坛等大量公共学术活动和社会服务为建立中国学术话语体系做贡献，提升中国学术在国际上的影响力。

早在2008年，我就在思考创办一个国际性的英文刊物。在当年上海国际会议厅举办的国际翻译家联盟的大会上，我参加了欧美学者小组研讨会，陈述出版一本亚太翻译研究期刊的重要性。我为此撰写了几十页的办刊论证报告，2012年底得到了在国际人文社会科学界具有很大影响力的劳特里奇出版社认可，英文版 *Asia Pacific Translation and Intercultural Studies* 经过一年的筹备，于2014年创刊，在英国出版发行，此举无疑为外语界同行创办国际期刊开了一个好头。自创刊以来，订购和阅览此期刊（含纸版和网络版）的高校遍布全世界五大洲，为亚太地区翻译研究的国际化做出了积极的贡献。另外一本由我主编的双语半年刊《亚太跨学科翻译研究》也于2015年创刊，为CNKI检索集刊，至今已出版11辑，刊发了不少著名学者的大文章。

我倡议创建的"亚太翻译与跨文化论坛"，执行委员会成员来自17个国家，包括中国、日本、韩国、美国、英国、加拿大、澳大利亚、西班牙、新西兰、泰国、越南等。除首届论坛在中国本土召开外，第二届到第九届承办论坛的大学分别是：美国波特兰州立大学、澳大利亚墨尔本大学、英国杜伦大学、美国夏威夷大学、美国加州伯克利大学、英国伦敦大学亚非学院、泰国谱图万皇家理工学院、美国维克森林大学。论坛的主旨发言人有 Michael Heim、Lawrence Venuti、Maria Tymosko、Jeremy Mundy、Edwin Gentzler、Huan Saussy、Forrest Gunder、Theo Hermans 等。这个论坛现在已经成为国际翻译界的知名学术论坛，申请主办资格竞争激烈。借助这个平台，我成功地将一批国内学者推向国际学术讲坛，也吸引了许多留学欧美以及留在国外的华人学者，与来自几大洲的翻译学者、西方汉学家聚集在一起，没有对抗，没有冲突，大家探讨翻译、文化、历史，其乐融融。欧洲中心论在这里得到瓦解，中国话语在国际上得到热议。就我而言，这不仅仅是一种学术研讨，还是一种讲述好中国故事的最好方式。

六

我喜欢翻译研究，因为真正的翻译研究集严谨和创造性于一体，创作的激情和研究的精微能够给我带来的种种乐趣，让我达到一种"知之、乐之、好之"的境界。我喜欢翻译研究，但也做了大量的翻译实践，译著中不乏首译的世界学术名著。我通常用中文发表文章，但也有数十篇英文文章在国际上发表。我以为，未来能够弘扬中国文化和中国学术的外语学者，一定是那些既能用母语，也能用外语发表高水平学术论文的人。他们既能够在课堂上传授英文，又能在国际学术讲坛上用外语演讲并回答学术问题。我兴趣广泛，研究成果涵盖翻译研究、比较文学、外国文学批评、应用语言学和英语教学、书法美学等诸多领域。本书收录了10余篇我在不同时期发表的翻译研究文章，如果它们能够显示我为了超越翻译所做出的种种努力，能够彰显我的学术创新，能够反映我的叙事技巧，我会感到十分欣慰。

罗选民

2021年9月5日

目　录

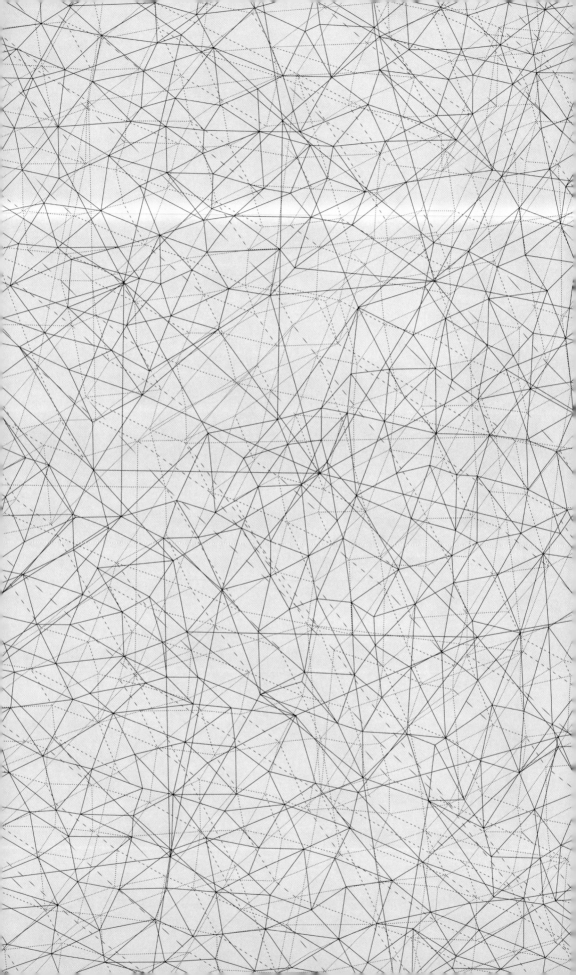

第一部分

话语与翻译

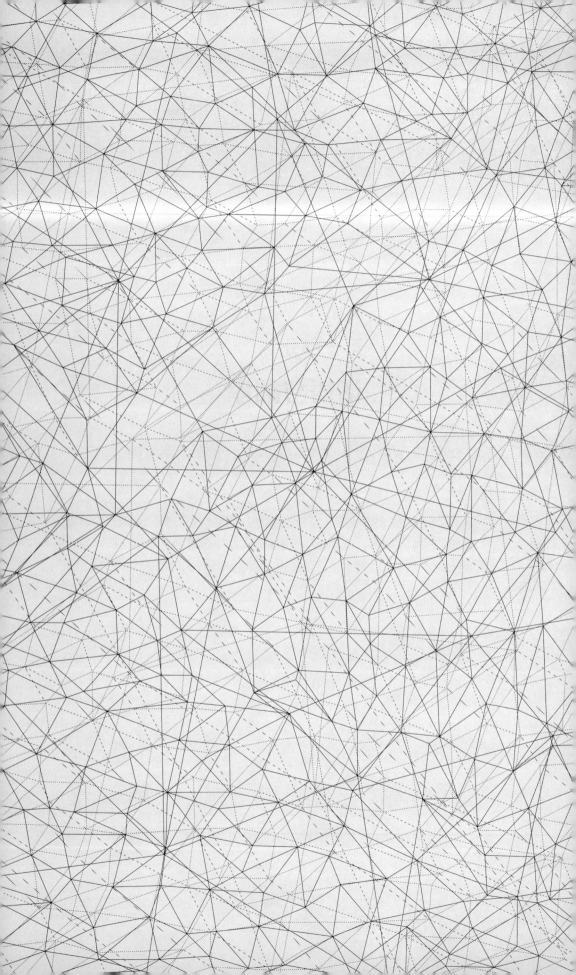

导　言

　　翻译研究本质上具有跨学科性，它与其他学科的融合、渗透和交叉使得其研究空间不断拓展。当翻译研究与语言学结合起来，它就脱离了经验式的点评，具备了科学性。而在语言学的众多分支中，话语语言学的问世，及其与翻译研究的融合打开了翻译动态功能性研究的新世界大门。本部分的4篇文章聚焦翻译与话语。

　　第一篇文章从语言学角度介绍了翻译的3个语言层次，分别是词层翻译、句层翻译和话语层翻译。词层翻译把词看作翻译的层次，很大程度上是受到拉丁语对西方传统语法的影响。拉丁语形态繁复，有大量的词序活动，故语法以词法为主。但是，英语作为分析型语言，与拉丁语的结构大不相同。因此，把词看作翻译的最高层次给语言分析带来了困难。句层翻译把句看作翻译的层次，建立在句法研究的基础之上。句法研究的中流砥柱布拉格学派提出了"句子的功能透视"，把句子分为主位和述位。此后，句法研究持续不断，在20世纪

50年代后期，随着转换生成语法的崛起进入鼎盛时期。在我国，对句译有精辟见解的，首推林语堂的《论翻译》。话语层翻译把话语看作翻译的层次，与话语语言学的兴起息息相关。把话语看作翻译的层次是因为它同句和词的关系，是整体与局部的关系、纲和目的关系，它打破了以句子为语言研究层次的局限，弥补了以句为语言分析层次所暴露出来的缺陷。

第二篇文章主要讨论将小句作为翻译的转换单位。从话语层次上探讨翻译的单位，翻译单位可分为两大类：翻译的分析单位和翻译的转换单位。分析单位指一个相对完整的语言材料，它是能帮助我们对话语内部、话语外部，以及属于理解语言心理机制等方面的非语言因素做出恰当分析的单位；转换单位指在译文中能找到的，相应的源语单位，它的组成部分不一定能在译文中找到对应物。在话语层翻译中，两者都是对语言进行动态的、功能的阐释所必需的语言单位，前者主要研究话语意义的建构过程，后者主要研究话语意义得以表现的建构形式。以小句作为话语层翻译的基本转换单位是笔者讨论的重点，小句的功能体现在它的黏着力强，游离性大，正是通过小句的不同建构，话语的形式才表现得丰富多彩。笔者列举大量的例句并对限定式小句、非限定式小句和无动词小句的转化进行了分析。笔者所提出的，以小句而不是词、短语或句作为翻译的转换单位，突破了以往的静态分析法，把翻译置于话语的功能系统之中，小句在其中得以灵活对等地转换。

第三篇文章主要从话语语言学的角度探讨了将句群看作话语翻译的建构单位的观点。韩礼德的《功能语法导论》在这方面已经做了一些贡献，他以小句群代替传统的复合句和并列句，还区分了小句的3种功能：组织信息功能、人际交流功能和经验示意功能。这3种功能在小句中可由心理主语、语法主语和逻辑主语3种不同成分来表现。然而，韩礼德在处理小句与话语的关系上阐述不够。笔者认为，话语与小句既存在大小层面关系，又存在包孕关系。基于此，笔者提出了英汉话语的5种建构类型：由一个单句或由若干小句组成的句子建构，由两个以上的句子建构，由一个文段（文章的自然段）建构，少数情况下由几个自然段建构，以及由一个词或词组建构。每种建构方式后都提供了详细的例子，具体说明了话语的建构方式。

　　第四篇文章研究了话语的认知模式与翻译的文本建构。在语言和翻译研究中，认知模式的研究至关重要。博格兰和德雷斯勒提出了话语的7个标准：衔接、连贯、意图性、可接受性、信息度、语境性与互文性。这7个标准有很强的解释力，但也有不足之处，主要体现在分析方法和技术问题上。基于此，笔者提出了体现人类交际基本模式的新的话语建构模式，以表明人类的交际活动是以认知为主导的、互动的、开放的和无限循环的。该模式有助于加深我们对翻译文本的理解和建构，将翻译活动放在互动的话语交际中来思考，把认知作为翻译活动的起点，在强调忠实原作的同时，也强调了译者的主观能动性。

翻译研究与话语的跨学科融合相得益彰。从翻译的语言单位的回顾，到提出以小句作为翻译的转换单位，再到整体的认知模式与翻译的文本建构，本章的4篇文章既有宏观的阐释，也有微观的研究，笔者在其中列举了大量语言实例，鞭辟入里，值得一读。

一 从词层、句层到话语层翻译[1]

1. 引言

长期以来，人们较多地从形式与内容、直译或意译等方面探讨翻译，但从语言的层次论及翻译的文章却寥寥无几。1958年前后，福尔斯特曾谈到翻译的"级"，实质上就是指翻译的过程所涉及的语言单位大小的级别（奈达，1986）。他指出，在中世纪，翻译的基本单位是词，后来逐渐变成了词组和句子，再进一步的翻译概念则是把整个作品看作合乎标准的翻译单位。以后，就很少有人从这个角度论及翻译。

福尔斯特的分析不无道理。事实上，人们对翻译的语言单位的认识经历了三个阶段：词层翻译、句层翻译和话语层翻译。而且，我们应进一步指出，这三个阶段的出现与语言学研究和翻译理论研究的不断深入、与人们对语言本质的认识不断提高有着紧密的联系。从词层到话语层，表现了翻译研究从静态到动态、从形式到功能的过渡。下面我们将从语言学角度浅议翻译的三个语言层次。

1　原载《中国人文社会科学博士硕士文库·文学卷》，杭州：浙江教育出版社，1998年，1640—1676页。本文与第二篇文章同属该书《构建话语语言学的翻译理论》一文。

2. 词层翻译（Translation on word-level）

把词看作翻译的层次可以在西方传统语法中找到原因。直至19世纪末，西方的语法大都以拉丁语的框架建立，英语便是如此。拉丁语被视作"完美"的语言，所以，一些英语语法学者在撰写语法著作时，便以拉丁语为蓝本描述英语的用法。拉丁语注重词法，于是，过去的英语语法以词法为主，却忽略了这么一个根本的事实：拉丁语的结构与英语的结构大不相同。比如，拉丁语有六个格，每个格的词形都不一样（West，1975）。

表1 拉丁语与英语的格

格	拉丁语	英语
Nominative（主格）	homo	the man
Genitive（所有格）	hominis	of the man or the man's
Dative（与格）	homini	to the man
Accusative（宾格）	hominem	the man
Ablative（夺格）	homine	from，by the man
Vocative（呼格）	homō	O man!

而英语却非如此。表1右边一列的几个例子中，除了所有格（man's）一项略有变化外，在其他格中，名词man仍是一个形式。这些格的功能不是通过词形变化，而是靠一些辅助词，诸如介词、冠词或句子语序来实现的。因为拉丁语形态繁复，其词的屈折后缀往往能使句子变换而意义不变。如拉丁语"狗咬人"可以写成：

Canis mordet hominem.

Canis hominem mordet.

Hominem mordet canis.

Mordet canis hominem.

这对作为分析型语言的英语来说是办不到的。"The dog bites the man."这句，倘若依上面拉丁语的做法，互换两个名词的位置，"The man bites the dog."意义就完全不同了。

正因为拉丁语有形态繁复的特征，有大量的词序活动，故它的语法以词法为主，句法实质上放到词法里讲，这是因其特性而决定的。可是，这个讲词法的传统却毫无批判地被继承下来。过去许多英语语法著作就集中力量研究词，把词看成是单独的、最小意义的载体，而把句子看成是依逻辑命题的各种特定类型将词组合起来的结果。这个做法继而影响了汉语语法研究。我国第一部汉语语法著作《马氏文通》也以西方传统语法为框架，词法占统治地位，全书有80%以上的内容讲述词法。

语言学重词法这一根深蒂固的传统也必然会反映到翻译理论和实践中来，因为翻译是一种双语活动，不能脱离语言而存在。在很长一段时间内，词被看作翻译的层次和翻译的主要单位。

把词看作翻译的最高层次，必然会给语言分析带来困难。在这个层次上，词语的特指性很小，泛指性大，从而语义场大，包含了许多下层语义。请看一例：

The speaker addressed the chair.

句中的chair一词通常指"椅子"，可实质上它还有大学教授的职位、（铁路）轨座、电椅、证人席、（会议的）主席等释义。如仅仅望"词"生义，译成"发言者对椅子说话"，就会闹出笑话。因为，这里的chair指的不是非生物体，而是一个可以听话的人，它与动词address搭配，是speaker的发言对象。此处应译为"发言者对主席讲话"。在翻译中，若仅仅以词为单位，而不是通过上下文或以句子的语义为标准来进行分析，误译的笑话随时都可能出现。

过去，人们把词译现象归咎于宗教的影响。译《圣经》要求逐字逐词翻译。做到"一字不易"，因为这是"神的启示录"。所以，在《圣经》翻译上就有过"重词句、轻神理"的倾向。我国佛经翻译也有过"硬译"的做法，译经僧侣对佛教经典虔诚之至，唯恐违背佛祖的经旨。这一说法不无道理。

但是，这一现象的出现与人们对语言的本质了解甚少也有关系，甚至这是长期以来人们信奉词译原则的主要原因。亚历山大的斐洛·犹达欧斯为了避免在把词、词组或句子从甲语言转化到乙语言时，可能出现的主观随意问题，就极力主张在词序和措辞方面采取直译，即字字对译。另一位西方学者奥古斯丁虽然指出了"所指""能指""判断"三者的关系，但他谈的仍是语义问题。按照他的理论，一个词就是一个符号，其意义是等同的，翻译的基本单位是词（谭载喜，1991）。这些理论左右了人们的思想。长期以来，人们尽量缩小翻译的语言单位，以为这样做便可以与原文距离接近，即使译文不通畅，至少可以保证译文的"信"，即忠实。殊不知这种貌合神离的译文佶屈聱牙，不堪卒读。原意不达，何信之有？

当然，以词为翻译的层次并非其特定时代固有的现象。而且，也并非未出现过精通翻译之道并有丰富经验的翻译理论家。古罗马的哲罗姆就直率地说，翻译应按照意思译，而不应逐字对译；12世纪西班牙的麦孟尼底也强调过，逐字直译常使译文含糊不清，令人费解；18世纪的英国诗人蒲柏更是认为，任何逐字直译都不能恰如其分地表现原作。"遗憾的是，对翻译规则如此冷静的见解，在古代和中世纪却始终未占优势。"（利沃夫斯卡娅，1987：50）

3. 句层翻译（Translation on sentence-level）

19世纪末，一些语言学家开始认识到语言的复杂性，认识到每种语言都有自己的特性，都有自己的强制范畴，而且各种强制范畴都不尽相同。于是，一些语言学家开始了以句为层次的研究。不但发现句子的规律，而且注意句子的功能。一些语法学家还清醒地认识到，不论是从语义学的观点还是从语法学的观点来看，句子绝不仅仅是那些并列起来的词的总和。

在句法研究方面，有两个学派值得一提：一个是布拉格语言学派（Prague School），另一个是转换生成语法学派。布拉格语言学派崛起于20世纪20年代，对句法研究做出了较大的贡献。该学派提出了"句子的功能透视"（functional sentence perspectives）的分析方法，把句子分为两大块：主位（theme）和述位（rheme）。主位在前，表明发话人待传信息的出发点；述位在后，代表发话人对主位分析所做的评论。这一研究充分体现了该学派在句法研究上的特色，对后来的话语研究也产生了一定的影响。

布拉格学派的创始人之一罗曼·雅柯布森从语言学角度论述了语言和文学翻译的关系、翻译的重要性以及翻译存在的问题。他在《论翻译的语言学问题》（Jakobson，1959）一文中区分了三类翻译：语内翻译、语际翻译和符际翻译。他认为，准确的翻译取决于信息对等。人们通常不是以一种语言的信息来替代另一种语言的单个符号，而是以信息代替信息。该文一直被看作翻译理论的经典作品之一，自问世以来一直为翻译研究者必读。句法研究持续不断，20世纪50年代后期，转换生成语法的崛起标志着句法研究的鼎盛时期。在这一时期，句法在语义上和语态上都有大量可观的研究。乔姆斯基关于句子的转换生成理论风靡一时，在《句法结构》（Chomsky，1957）一书中，乔姆斯基指出，语法必须符合两点要求：一是简单明了，二是具有生成能力。要达到第一个要求，就得采取数学方式，归纳一套公式，即"转换规则"，根据这些规则，就可生成实际的语言，语法的第二个要求也就得到了满足。乔姆斯基关于语言的深层结构和表层结构之说，对翻译界产生了很大的影响。尤金·奈达提出的"分析—传译—重构"模式，就受益于乔姆斯基的这一理论。

受国外语法著作的影响，我国语言学自"五四"以后，便把语言研究的重点转向语法。至1948年，几部重要的语法著作相继问世，如黎锦熙的《新著国语文法》，金兆梓的《国文法之研究》，吕叔湘的《中国文法要略》，王力的《中国语法理论》等。这些语法著作都是从句法上探讨汉语语法的。黎锦熙的《新著国语文法》有三分之二以上的篇幅讲句法。它同汉语的第一部语法著作《马氏文通》有两点不同：《新著国语文法》是"国语文法"，而《马氏文通》是"文言文法"；《新著国语文法》重视句法分析的"句本位"语法，而《马氏文通》以"词类为纲"（郭锡良，1960）来讲语法。黎锦熙提出："凡词，依句辨品，离句无品。"（黎锦熙，1955：29）可以说，把语法研究的重点从词法转移到句法这一工作是由黎锦熙先生完成的。后来出版的吕叔湘的《中国文法要略》在对句法进行语义分析方面做了大量的研究。在该书下卷《表达论》中，吕叔湘先生以句子的语义为纲，描写了汉语语法，全书充满了精辟的见解。

在语法研究从词转向句的同时，译学界提出了以句为翻译层次的观点。国外不少关于翻译理论与技巧的文章是讨论句译问题的。人们已充分认识到，逐字对译的机械方法忠实于形式而忽略内容，与翻译的实质格格不入。在翻译理论与实践上，人们对句子的构造，对句子成分的分析，在认识上有了很大提高。但要突破以句为翻译层次的局限性，条件尚未成熟。

在我国，对句译有精辟见解的论述要推林语堂在1933年发表的《论翻译》（转引自中国翻译工作者协会，《翻译通讯》编辑部，1984）一文。黎锦熙提出汉语语法的"句本位"分析法，林语堂则把句本位法用于翻译理论与实践之中，提出译文须"以句为本位"的观点，这个办法是译者将原文全句意义依中文语法译出（林语堂，1984）。林语堂指出："译者对于原文有字字了解而无字字译出之责任。译者所应忠实的，不是原文的零字，乃零字所组成的语意……就是译者不但须求达意，并且须以传神为目的。译文须忠实于原文之字神句气与言外之意。"（转引自中国翻译工作者协会，《翻译通讯》编辑部，1984：266）所谓无字字译出之责任，实质上就是否认字译之做法。林先生还就翻译行文心理及标准进行了探讨。20世纪30年代初，汉语句法研究仍处于起步阶段，林语堂便提出了适合汉语特点的句本位翻译理论，不愧为真知灼见。但是，在翻译理论与实践上，人们对句子的构造，对句了成分的分析，还需要认识上的提高，需要更大的突破。

4. 话语层翻译（Translation on text-level）

随着理论语言学的出现，随着社会学和人类学研究的发展，以句为翻译最高层次的观点所存在的缺陷开始暴露出来。语言学的传统句法理论受到了话语语言学的挑战。人们认识到，把一个句子从一个话语中独立出来，其意义往往会变得含糊不清，因为它缺少上下文的联系，缺少语境。翻译的理解也同样会遇到这个问题。赵元任（转引自王宗炎，1985）就说过："……译者往往忘记了这一点，把语言当作独立自足的东西。其实，译一句书面文章，总要看它的上下文；译一句口语，总要看发言时的情境。"这方面范存忠（1984）援引过的一例很有说服力。"George passed." 若是单独一个句子，翻译时就会令人感到无从下笔。该句可以从三方面来理解：若是踢球，乔治把球传出去了；若是打牌，乔治不叫牌；若是考试，乔治通过了。所以，仅仅对一个句子进行分析是不够的。此例是从超语言因素方面来讲的。即使在语言内部，也存在一个上下文衔接的问题。信息的传译不是在单个的句子中进行，而是在有意义的一连串句子中进行。句子之间的连接，语义上的联系，都可能影响句子在形式上的表现。

在汉语中，名词重复现象较多，但英语的名词重复现象较少，同一个语段中经常出现替代、省略或部分重复等现象。若在英汉互译时受母语干扰，翻译作品就可能会生硬、别扭，或缺少内在的联系。

以句为语言分析层次所暴露出来的缺陷引起了一些学者的注意。王宗炎在谈到语言的对比分析时就说："我们似乎不应该局限于多年以来占统治地位的句本位主义。以句子为限的东西（词汇、语音、句法）自然可以对比，比句子大的东西（句群、语段）也可以对比，句子以外的东西（语言环境）也可以对比。"（王宗炎，1985：127）王宗炎先生的这几点虽然是针对语言对比而言的，但对翻译也有指导意义。而且，这几个方面也正是话语分析所致力研究的。

自20世纪70年代以来，在世界上兴起的话语语言学致力于研究上述种种问题。话语分析摆脱了语言研究句本位局限，结合语言的实际应用，研究语言的组织、建构及其使用。在形式上，话语（text）是大于句子的一连串的语句；在意义上，具有向心性，构成一个相对完整的话题；在功能上，完成一种可识辨的交际功能。话语研究有外部和内部两种。前者从语用、交际和文化方面进行研究，后者从语形和语义方面进行研究。从整体上看，只有把这两种研究结合起来，文本的话语才能得到完整的描写与阐释，翻译活动才能有基本的保证。

美国的博格兰和奥地利的德雷斯勒（Beaugrande & Dressler，1981）在合著的《话语语言学导论》（*Introduction to Text Linguistics*）一书中指出，话语语言学的方法可以运用于许多领域，其中就包括翻译。前者还在1978年编著了《诗的翻译理论要素》一书，试图以话语语言学理论来指导诗歌翻译，是一部筚路蓝缕之作。但由于这本书主要着重于分析诗歌的话语要素，所以，对于整个翻译理论和实践，还没有产生很大的影响。苏联的翻译理论家巴尔胡达罗夫也看到了话语语言学的重要性，指出翻译的语言学理论是对比话语语言学，翻译是把一种语言的话语变换为另一种语言的话语的过程，翻译的对象并不是语言体系，而是话语（巴尔胡达罗夫，1985）。但如何把话语语言学方法运用于翻译之中，他还没有拿出具体的措施。美国的翻译理论家奈达在与塔伯合著的《翻译理论与实践》（Nida & Taber，1974）一书中，专门用一节谈话语结构。他们认识到，人们说话时并不是任意把单个句子拼凑在一起。句子与句子之间的结构是非常复杂的。为此，他们提出了标记大于句子结构的八种特征，如话语的开头与结尾，内部过渡形式，活动词之间的时间关系，续指主语等种种标记。他们在翻译的话语研究方面迈出了可喜的一步，但在话语组织的思维方式、意图性等方面展开不够。英国学者纽马克（Newmark，1981）在其 *Approaches to Translation* 一书中，浅议了一些话语分析的方法，如主位—述位，连词、代词的替换和省略等，分析角度与奈达不同，只是范围太窄，大抵涉及一些语言的技巧问题。

相对而言，中国的话语语言学研究起步较晚，把这一理论应用于翻译之中的不多，而且存在认识上的模糊。1987年，《中国翻译》刊载了南开大学王秉钦的《话语语言学与篇段翻译》一文。这是出现较早的针对性较强的专论。该文作者在文首说明，其撰文目的在于借助话语语言学的基本理论，研究和揭示话语层的内部结构规律，提出话语层翻译的基本原则，解决好"篇段"的翻译（王秉钦，1987）。作者花了一些工夫，对段落翻译做了一些研究，总结了一些有规律的现象。然而，纵观全篇，作者的研究大体上沿袭了中国文章修辞学的方法，对话语的研究仍停留在表面上。因为作者研究的方法和手段有悖于自己的意图，所以未能很好地达到自己的目的。

首先，作者没有说明话语与"篇段"是何种关系，没有说明"篇段"是一个概念，还是篇和段两个概念的共指。其次，文中所引的两个论点均出自刘勰《文心雕龙·章句篇》，却不见一处出自话语语言学的著作或文章。再次，所举例句，除一处是列宁的语录外，其余都是风景描写。没有人物的对话，没有人物的心理活动，没有言语的弦外之音和言外行为，没有语言的具体使用环境，这与话语研究的方法是格格不入的。最后，文章的研究局限于段落的形式连接，对段落中的句子衔接和连贯分析不够。话语语言学的研究并不仅仅是语言单位的扩大，它更应强调对使用中的语言进行功能描写和阐释。

5. 结语

总之，话语语言学在翻译中的应用仍处于起步阶段，缺乏科学和系统的研究。但翻译的话语语言学理论研究有着极其广阔的前景，因为它最能反映语言的特性，最能满足翻译的要求。尽管话语层翻译的研究未能取得大的突破，但它引起了越来越多的语言学家和翻译理论家的注意。而且，不少语言学家和翻译理论家都肯定，只把词、句看作翻译的层次是不够的，翻译的层次应扩大到话语。当然，词素、词、词组、句子等都可以用作翻译的单位。把话语当作翻译的层次是因为它同句和词的关系，是整体与局部的关系、纲和目的关系。我们翻译时，应首先把握整体，让局部服从整体。一旦话语这个整体确定下来，就要通过句和词等局部来体现它。

参考文献

- 巴尔胡达罗夫.语言与翻译[M].蔡毅，等译.北京：中国对外翻译出版公司，1985.
- 范存忠.漫谈翻译[C] // 中国翻译工作者协会，《翻译通讯》编辑部.翻译研究论文集（1949—1983）.北京：外语教学与研究出版社，1984：249-266.
- 郭锡良.语言学研究与批判（第2辑）[C].北京：高等教育出版社，1960.
- 黎锦熙.新著国语文法[M].北京：商务印书馆，1955.
- 利沃夫斯卡娅.简述翻译思想的发展[J].胡真，译.中国翻译，1987（4）：50-52.
- 林语堂.论翻译[C] // 中国翻译工作者协会，《翻译通讯》编辑部.翻译研究论文集（1894—1948）.北京：外语教学与研究出版社，1984：259-272.
- 奈达.西方翻译史话（续）[J].张复星，译.中国翻译，1986（4）：72-75.
- 谭载喜.西方翻译简史[M].北京：商务印书馆，1991.
- 王秉钦.话语语言学与篇段翻译[J].中国翻译，1987（3）：14-17.
- 王宗炎.语言问题探索[M].上海：上海外语教育出版社，1985.
- BEAUGRANDE R. Factors in a theory of poetic translation[M]. Leiden: E. J. Brill, 1978.
- BEAUGRANDE R, DRESSLER W. Introduction to text linguistics[M]. London: Routledge, 1981.
- CHOMSKY N. Syntactic structures[M]. The Hague: Mouton, 1957.
- JAKOBSON R. On linguistic aspects of translation [C] // Reuben B(ed.). On translation. Cambridge: Harvard University Press, 1959.
- NEWMARK P. Approaches to translation[M]. Oxford: Pergamon Press, 1981.
- NIDA E, TABER C. The theory and practice of translation[M]. Leiden: Brill for United Bible Societes, 1974.
- WEST F. The way of language: An introduction[M]. New York: Harcourt College Publishers, 1975.

二 小句：话语翻译的转换单位[2]

1. 引言

国内外探讨翻译单位的文章很多，通常仿语言学，把翻译单位分为音位、词素、词、短语、句子和语段若干层次，从形式上进行分析。我们现在要从功能的角度，从话语层次上探讨翻译的单位，把翻译单位分为两大类：翻译的分析单位和翻译的转换单位。翻译的分析单位已在上文论及。本文提出将小句视为翻译的主要转换单位并从语言理论上加以论证。

2. 翻译的分析单位和转换单位

2.1 两类翻译单位的区分与界定

人们讨论翻译单位时，总希望找到这么一个翻译单位：一方面，它能自由对等地在两种语言中进行转换；另一方面，它又能给我们的翻译活动提供语言分析的种种条件。这样就不可避免地导致一个矛盾：单位大则便于分析，不利于转换；单位小则便于转换，却又不利于分析，两者难以统一。解决办法是，

2　原载《中国人文社会科学博士硕士文库·文学卷》，杭州：浙江教育出版社，1998年，1640—1676页。

将翻译的单位一分为二，分成翻译的分析单位和转换单位。一般认为，翻译活动是在话语层次上展开的，所以我们又将这两类单位称为话语层翻译的分析单位和转换单位。

话语层翻译的分析单位[3]指一个相对完整的语言材料，它是能帮助我们对话语内部、话语外部以及属于理解语言心理机制等方面的非语言因素做出恰当分析的单位；话语层翻译的转换单位指在译文中能找到的相应的源语单位，不过它的组成部分不一定能在译文中找到对应物。在话语层翻译中，两者都是对语言进行动态的、功能的阐释所必需的语言单位，前者主要研究话语意义的建构过程，后者主要研究话语意义得以表现的建构形式。

2.2 话语和小句的功能

将话语视为翻译分析单位，是由它具有的功能决定的。话语主要是一个意义单位，是言语构造过程的产品，具有相对的完整性，是构成一个话题、完成一种可识辨的交际功能的一连串语句。话语研究的范围既涉及句子内部各个成分之间的关系，又涉及句子与句子之间的关系，涉及语言的使用环境、使用规则、使用者背景知识的作用，以及理解语言的心理机制等多种因素。将话语视为翻译的分析单位，就要求在翻译中对原文语义、语用等多种因素进行分析，在此基础上考虑译文的建构，保持原文的总体意义，而不应停留在词和句的层次上，求得词对词、句对句的"对等翻译"效果。

本文提出将小句视为话语层翻译的基本转换单位。

英语的小句叫clause，表现形式可分为三类：限定式小句（finite clause）、非限定式小句（infinite clause）和无动词小句（verbless clause）。汉语的句子结构松散，没有繁复的语法标记，我们所说的小句指前后都有停顿并有句调表示的语言形式，它一般是一个主谓结构，也可以是一个动词或动词短语，甚至是一个名词或名词短语。我们平时所说的分句、子句、零句，都是小句。不论在英语或汉语中，小句都可以被看作抽象的句子，若从一个大句（或句子）中独

3　文中一些词句的着重号或横线、斜体均系本文作者所加。

立出来，仍具有意义相对完整的特征。一个句子可以由若干小句构成，也可能仅仅是一个小句。小句的功能体现在它的黏着力强，游离性大，正是通过小句的不同建构，话语的形式才表现得丰富多彩。

将小句视为话语层翻译的转换单位是从话语功能角度来考虑的。这不是说词、词组和短语等就不能成为翻译的转换单位。实际上，小句的转换必然包含了其中的词和短语等的转换，这一转换是大脑机制和心理因素能一次同步完成的。事实上也没有哪位翻译家在翻译过程中是先把词、短语等译好后再将小句或句子拼凑出来的。小句可以根据话语分析的需要灵活变动，而小句里的词却自始至终服从小句。国内外有关论述可以进一步说明这个问题。

吕叔湘（1979）对汉语小句做过如下分析：语言的静态单位是词素、词、短语（包括主谓短语），以及介于词和短语之间的短语词，其中词素是基本单位。语言的动态单位是小句、句子（一个或几个小句），小句是基本单位。吕叔湘（1979）还指出，语言的静态单位是备用单位，而语言的动态单位是使用单位。动态与静态，使用与备用，这两对概念说明了小句区别于词、词组等不同的功能，又说明了它们之间的辩证关系。

韩礼德的《功能语法导论》（Halliday，1985）从语言的功能出发描写和分析话语的结构。他认为，话语的基本单位是小句。他划分了小句的三种功能：达意功能（ideational function）、人际功能（interpersonal function）和成文功能（textual function）。小句的这三种功能是词和短语等所不能完全具备的。上述论述说明我们视小句为话语翻译的主要转换单位是可取和可行的。

3. 英汉小句的转换形式及其补充理论

3.1 英汉小句的转换形式

英汉小句在表现形式上有较大的差异，前者重形合，后者重意合；前者有繁复的语法标记，后者却不然。要想在翻译时得心应手地运用小句在两种语言间转换，就要弄清英汉小句在功能和本质上的相似之处，而不要被它们差异极大的语法表现形式所迷惑。

在以下例句中，斜体部分为英语小句，下方标黑点的部分是转换过来的汉语小句。为了分析方便，句后括号里的符号用来指代该小句的类型。

（1）

原文：Do you know *that John is going to China in five days*？（C^a）

译文：你知道约翰五天后要去中国吗？

（2）

原文：She telephoned *to ask for an interview*.（C^{b1}）

译文：她打了个电话，要求接见。

（3）

原文：*Her aunt having left the room,* I declared my passionate love for Celia.（C^{b2}）

译文：当她婶婶离开屋子后，我便向塞莉娅表达了我对她的热恋之情。

（4）

原　文：We left the room and went home, *the job finished*.（C^{b3}）

译文：工作完成后，我们离开屋子回家去。

（5）

原文：I don't like *your interrupting us*.（C^{b4}）

译文：我不高兴你打扰我们。

（6）

原文：I am surprised to find *you here*.（C^{c1}）

译文：发现你在这儿，真令我大吃一惊。

（7）

原文：*Whether right or wrong*, he always comes off worst in argument.（C^{c2}）

译文：不管是有理或无理，他在争辩中老吃亏。

例（1）是一个C^a类小句，是含性数变化、能被情态动词和助动词修饰的英语句子，传统上被称为限定式小句。例（2）至（5）为C^b类小句，与C^a类小句不一样，它含有各种形式的非限定词，如不定式（C^{b1}），-ing分词（C^{b2}），-ed（C^{b3}）和动名词（C^{b4}）。这些小句在传统语法中被看作一个短语成分，但若把它们从句子中独立出来进行分析和转换，就可发现它们仍起到了小句的功能，上面的译例可以证明。例（6）和（7）是C^c类小句，这类小句不含动词，语法上称为无动词小句。它们不仅省略了动词（C^{c1}），往往还省略了主语（C^{c2}）。不过，这些省略的动词和主语可以根据句子的含义增补进来。如例（6）中的to find you here和例（7）中的Whether right or wrong可以根据句子的含义补充为to find you（are）here和Whether（he is）right or wrong这种句式。

上述三类小句常常能在一段话语甚至一个句子中出现。

（8）

原文：

Springing to her feet, ˇher face wrathful, ˇgray-green eyes blazing, ˇ she faced the grossness of the house detective squarely.ˇ//（Hailey, 1965）

译文：

她跳了起来，ˇ怒容满面，ˇ灰绿色的眼睛射

二 小句：话语翻译的转换单位

出怒火，ˇ直瞪着肥胖的侦探长。ˇ//

原文为一个句子，含四个小句，翻译过来的句子和小句数量不变，可用下式表现其转换形式。

$$S^E \rightarrow C^{b2}C^{c1}C^{c1}C^a$$

$$\downarrow$$

$$S^C \rightarrow C^1C^2C^3C^4$$

S^E 表示英语句子，↓表示转换符号，S^C 表示汉译句子。英汉话语分别用 T^E 和 T^C 来表示。再如下例：

（9）

原文：

We gazed, ˇas the ship slid by ˇand the humps receded into the darkness ˇand even the lights were obscured by the shoulder of a hill, ˇnever to be seen by us again. ˇ// So peaceful and secret, ˇso self-contained. ˇ//（West, 1985）

译文：

我们凝视着，ˇ船缓缓地滑驶而去，ˇ岛的轮廓消失在黑暗中，ˇ连微光也为一个小山肩遮掩，ˇ在我们的视野中永远消失了。ˇ//多么宁静、隐秘，深沉！ˇ//

转换式：

$$T^E = S^1 \rightarrow C^a\,C^a\,C^a\,C^a\,C^{b1} + S^2 \rightarrow C^c$$

$$\downarrow$$

$$T^c = S^1 \rightarrow C^1C^2C^3C^4C^5 + S^2 \rightarrow C^c$$

译文基本上保持了原文的结构。

3.2 句核（nexus）：小句的补充理论

我们在翻译中不难发现，一些话语的非小句形式的短语，可能以一个小句的形式在译语中出现。这一现象如何解释呢？我们借用丹麦语言学家叶斯泊森提出的句核理论来补充和完善翻译中的小句转换。

叶斯泊森（Jespersen，1992）很早就认识到小句的上述种种功能，根据他的句核理论，具备动态和使用功能的，不仅包括限定动词句核，还包括非限定动词句核、无动词句核，甚至动作名词（verbal substantive）句核。

动作名词句核包含了句子的意义和功能。在"I heard of the doctor's arrival"中，the doctor's arrival 这一词组就是一个隐含的句子，arrival 是一个动作名词，这一词组的意义可转为"I heard that the doctor has arrived."（我听说医生已经来了）。动作名词与非动作名词存在质的差别，这一点可以从 the doctor's arrival 和 the doctor's house 两个短语中体现出来。前者可以译成一个小句，如上文所示；而后者只能译成一个短语"医生的房子"。关于这一点，我们可以在汉译英中找到例证：

> （10）
>
> 原文：
>
> 今沛公先破秦入咸阳，毫毛不敢有所近，封闭宫室，还军霸上，以待大王来。
>
> 译文：
>
> Now the governor of Pei has defeated Chin and entered Hsien-yang ahead of all others. He has not dared to lay a finger on the slightest thing，but has closed up and sealed the palace's rooms and returned to Pa-shang to encamp and await *your arrival.*（Watson, 1961）

原文中"大王来"是一个小句，在译文中转换为一个英语动作名词句核 your arrival。

叶斯泊森（Jespersen，1992）还指出，一些介词后带宾语的词组也具有这种隐含的句核意义，如"I sat at work in the school room with the window open."句中的 with the window open 与 near the open window 的含义不一样。这一现象可从英译汉中找到例证。

（11）

原文：

Looking out to ascertain for what I saw, *to my amazement*, Peggotty burst from a hedge and climb into the cart.（Dickens，1962）

译文：

我向外张望，想弄清怎么一回事，只见派格蒂从篱笆那边出现，登上马车，真叫我大为惊异。（思果，1993）

我们可以看出，在一些介宾词组中，介词本身蕴含动作意义，在翻译中，整个介词短语可以用小句对译。

（12）

原文：

There will simply be disaster if forests are destroyed *for more land.*

译文：

若毁林只是为了多得土地，就只有导致灾难。

（13）

原文：

In short，land is fragile.*Without proper* care it can be ruined forever.

译文：

总之，土地易受破坏。若无适当管理，土地就会一毁无救。

在例（12）（13）中，介词 for 和 without 分别译为汉语的动词"得"和"无"，两个英语的介词短语在汉语中转换成两个小句。

4. 小句在话语翻译中的转换

现在我们从话语角度来分析译文，看小句的转换是如何实现的。分析的方法是选出一段话语，然后将小句和句子分别以符号和公式列出，通过小句转换后的句序（//）、小句（ˇ）的划分以及词序是否与原文保持一致，看译者是如何从话语的角度超出句子来进行分析的，又是怎样利用小句来灵活地进行翻译转换的。

（14）

原文：

一早给水门汀冻醒了，ˇ爬起来ˇ刚扣衣纽，ˇ屋外一望无际的淡蓝色海面和几只茶褐色的风帆，便像壁间的大画幅一样，明静而清新地（ˇ）摆在我的眼前。ˇ//（艾芜，1981）

译文：

As the cold concrete had woken me at first light，ˇI had got upˇand started putting on my clothes. ˇ//The pale blue sea with brown sails on it spread peacefully and fresh in front of my eyes(ˇ) like a vast picture on a wall.ˇ// (Jenner, 1970)

转换式:

$$T^{c} = S \rightarrow C^{1} C^{2} C^{3} C^{4} C^{5}$$

$$\downarrow$$

$$T^{E} = S^{1} \rightarrow C^{a} C^{a} C^{a} + S^{2} \rightarrow C^{N} C^{a}$$

原文话语由一个句子构成,译文话语则由两个句子构成。原文含四个小句,但第四个小句又包孕了一个由小句"像壁间的大画幅一样,明静而清新"加上副词"地"而构成的副词短语,修饰动词"摆"。这一副词短语根据英文的习惯而被译成介词短语 like a vast picture on a wall,修饰对象是前面做主语的名词短语。这一介词短语仍含句核意义,因为我们可以根据话语的深层意义将它转换为"The pale blue sea spread...and looked like a vast picture..."这一句型,我们以(C^{N})来表示这一类句子。原文中"冻醒"为动词词组,若强译为 coldly wake me,就会令人费解,不能表达原文的含义。根据英语形容词和名词相近(汉语形容词和动词相近)的特点,译者巧妙地将"冻"改为形容词,修饰名词 concrete。译文用 spread 一词,表达原文的"屋外一望无际的"。上面的译文话语经过小句的转换、句序和词序的调整后,就比较好地表现了原文话语的语义和意境。

有时,原文话语同译文话语经过划分后,译文与原文的小单位排列可以达到完全吻合,小句数量可能相同,甚至连句子数量也可能相同,如原文为两个句子,译文仍为两个。但在断句的处理上,却可能出现变动。请看下例:

（15）

原文:

他这时的视线已移在海面上了。ˇ//海面上正横驰着两只黄色渡轮,ˇ一只由大陆到海岛去,ˇ一

只由海岛到大陆去，都是楼上楼下满载搭客的。ˇ//
（艾芜，1981）

译文：

He was now gazing at the sea, ˇon which two brown steamers are crossing, ˇone going from the mainland to the island, ˇand one the other way.ˇ//They were both packed with passengers on upper and lower decks.ˇ//
（Jenner, 1970）

转换式：

$T^c = S^1 \rightarrow C + S^2 \rightarrow C^1 C^2 C^3 C^4$

$\downarrow$

$T^E = S^1 \rightarrow C^a C^a C^b C^c + S^2 \rightarrow C^a$

原文与译文的话语经过划分后结构大体相同。原文有两个句子，共含五个小句。译文亦如此。不过，对比上面的转换式，我们不难发现，原文第一个句子由一个小句（单句）构成，第二个句子则由四个小句构成。在译文中，这种建构次序恰好调换了。译文的第一个句子由四个小句构成，第二个句子则由一个单句构成。译文第一个句子中的四个小句分别以两个限定小句、一个非限定小句和一个无动词小句担任。倘若译者以词或句为翻译的单位，不把翻译分析单位放在话语的层次上，不靠小句做动态的转换，就难以做出这样巧妙的处理。

前面用的是两个汉译英的例子。下面选取两则英译汉的例子进行分析，分析方法同前面一样。必要时，取译文两种，以便比较。

（16）

原文：

The house detective took his time, ˇleisurely puffing a cloud of blue cigar smoke, ˇhis eyes sardonically on the Duchessˇ as if challenging her objection.ˇ//But beyond wrinkling her nose in distaste, ˇshe made no comment.ˇ(Hailey, 1965)

译文：

侦探长不慌不忙，ˇ慢悠悠地喷出一团青色的雪茄烟雾，ˇ他的眼睛嘲笑地瞅着公爵夫人，ˇ仿佛在向她的异议挑战似的。ˇ//但是她只是厌烦地皱了皱鼻子，ˇ什么也没有说。//

转换式：

$$T^E = S^1 \rightarrow C^a C^b C^c C^d + S^2 \rightarrow C^b C^a$$
$$\downarrow$$
$$T^c = S^1 \rightarrow C^1 C^2 C^3 C^4 + S^2 \rightarrow C^1 C^2$$

按照传统语法来划分，英语原文只有两个句子。但根据我们对小句的理解而对原文话语进行划分后，该话语实际包含了六个小句。经过翻译后，译文的小句数量以及句序几乎同原文一样。

（17）

原文：

All this time I had gone on loving Dora harder than ever.ˇ// Her idea was my refuge in disappointment and distressˇand made some amends to meˇeven for the loss of my friend.ˇ//（Dickens, 1962）

译文a：

在这全部期间，我愈来愈爱朵拉了。ˇ//她的影子是我在失望和痛苦中的避难所，ˇ甚至补偿了我在朋友方面的损失。//（董秋斯，1959）

译文b：

在所有这个时期里，我对朵罗的爱却一直与日俱

增。˅//我意念中的她就是我失意烦恼中的慰藉；˅即便好友失去，˅都可借此消忧解愁。˅//（张谷若，1969）

转换式：

$$T^E = S^1 \rightarrow C^a + S^2 \rightarrow C^a C^a C^N$$

$$\downarrow$$

$$T^{c1} = S^1 \rightarrow C + S^2 \rightarrow C^1 C^2$$

$$T^{c2} = S^1 \rightarrow C + S^2 \rightarrow C^1 C^2 C^3$$

例（17）的两个译文均出自名家之手。此例中，原文话语含两个句子，两个译文亦然。原文的两个句子含三个小句和一个含动作名词句核的短语（even for the loss of my friend）。张谷若译文巧妙地将这一动作名词句核短语转换为一个汉语小句"即便好友失去"。这一译法比董秋斯译文的"我在朋友方面的损失"要达意和洒脱一些。从整个话语译文看，董秋斯译文紧扣原文，几乎做到了字从句比，但似乎显得有些拘谨。相反，张谷若译文灵活机动，不拘泥于原文词语，不拘泥于原文的表面形式，增加一个小句，很好地再现了原文的神采。

5. 结语

上述分析表明，翻译时若死守句本位的框框，就难免陷入困境。汉语句子重意合，断句不太分明，往往在句子已经终了的地方用的不是句号，而是逗号，做语法分析的时候不能以此为依据（吕叔湘，1979）。英译时一定要根据英文的行文心理来建构句子。相反，英语句子重形合，结构冗长，盘根错节，句子形态繁复，汉译时，应根据汉语的习惯来建构译文。这就如金兆梓先生所说的，"所要发表的意思"人人相同，"怎样把它说出"却各有各的习惯方法（金兆梓，1983）。我们提出将小句而不是词、短语或句子视为翻译的转换单位，突破了以往的静态分析法，把翻译置于话语的功能系统之中，小句在其中得以灵活对等地转换。

参考文献

- 艾芜.艾芜文集（第一卷）[M].成都：四川人民出版社，1981.
- 狄更斯.大卫·科波菲尔[M].董秋斯，译.北京：商务印书馆，1959.
- 狄更斯.大卫·考坡菲[M].张谷若，译.上海：上海译文出版社，1969.
- 狄更斯.大卫·考勃菲尔[M].思果，译.台北：联经出版事业公司，1993.
- 金兆梓.国文法之研究[M].北京：商务印书馆，1983.
- 吕叔湘.汉语语法分析问题[M].北京：商务印书馆，1979.
- DICKENS C. David Copperfield[M]. New York: Penguin, 1962.
- HAILEY A. Hotel[M]. New York: Doubleday & Company, Inc., 1965.
- HALLIDAY M A K. An introduction to functional grammar[M]. London: Edward Arnold, 1985.
- JENNER W J F. Modern Chinese stories[M]. London: Oxford University Press, 1970.
- JESPERSEN O. The philosophy of grammar[M]. Chicago: University of Chicago Press, 1992.
- WATSON B. Records of the grand historian of China[M]. New York: Columbia University Press, 1961.
- WEST V. No signposts in the sea[M]. London: Virago Press, 1985.

三 英汉话语的建构类型 [4]

1. 引言

作为一门新兴的学科，话语语言学无疑受到了足够的重视。在文学、外语教学和翻译理论等领域，话语研究已成为热门，出现了不少优秀研究成果。然而，我们对话语的建构类型却探讨不够，至今在"话语是什么"这一问题上存在模糊的认识。

话语建构问题困惑了许多语言学者。有人认为，话语语法不可能取得令人瞩目的成绩，因为它不能像传统的语法分析那样有一套分析和解释话语的系统（Szwedek，1984）。还有人认为，话语根本不可能分析，因为它没有一个恒定的基本语言单位。

笔者认为，作为一门学科，话语应该有自己的系统，也应该有其基本的语言单位。不过，这些系统的划分和基本的语言单位应根据话语自身的特点而建构和确定。实际上，话语研究以往在某些方面取得了突破性的成果。韩礼德的《功能语法导论》就是其中之一。

韩礼德的《功能语法导论》分上下两部分，着重探讨了小句和与小句相

---

4 原载刘重德，《英汉语比较与翻译1》，长沙：湖南科学技术出版社，1994年，143—151页。

三 英汉话语的建构类型

31

关的种种形式。在该书中，韩礼德对英语小句（clause）做了极为详尽的描述。他明确指出：话语的基本单位是小句（Halliday，1985）。小句可以独立成句，也可以是复合句的一部分。他以小句群代替了传统的复合句和并列句。韩礼德还区分了小句的三种功能：组织信息功能（textual function）、人际交流功能（interpersonal function）和经验示意功能（ideational function）。这三种功能在小句中可由三种不同成分来表现。这三种成分是心理主语、语法主语和逻辑主语，其关系可以通过表2反映出来：

表 2　小句的三种成分

小句	this teapot	my aunt was given	by the duke
小句成分	（心理主语）	（语法主语）	（逻辑主语）

此句可改成"The duke gave my aunt this teapot."其中，duke一词集心理主语、语法主语及逻辑主语三者于一体。韩礼德以主位（theme）指示心理主语，以主语（subject）指示语法主语，以施事（agent）指示逻辑主语。

韩礼德的研究对话语分析产生了很大的影响。他基本上摒弃了传统句法的形式划分法，把语言分析放在功能系统之中来考虑，为话语分析奠定了坚实的基础。

然而，韩礼德在处理小句与话语的关系上阐述不够。如：小句群在一个语篇中是否为最大的单位？小句与话语又是何种关系？韩礼德在《英语的衔接》（*Cohesion in English*）一书中提到："话语是实际使用的语言单位，它不是像句子成分和整句那样的一个语法单位，不能以长度来确定它。"（Halliday & Hasan，1976）在《功能语法导论》中，他又重申，为了给话语的意义和有效性提供清醒认识，需要一种语篇语法，对这一语法类型的解释便是该话语语义的实现（Halliday，1985）。韩礼德的《功能语法导论》持这样一种语篇语法的观点，其中的小句及其有关成分得到了充分的论证。但在这一层面上的话语分析是如何进行的？既然话语不能以长度来确定，它可以是长篇大论，也可以是一句话或一个字，那么在什么情况下是长篇大论？在什么情况下，话语可以仅仅是一句话，一个词？

这一问题的解决可以克服话语分析，尤其是翻译理论上的不足，因为它确实困惑了，而且还在困惑着不少学者。

苏联翻译理论家巴尔胡达罗夫认识到话语分析对翻译的重要性，认为翻译是把一种语言的话语变换为另外一种语言的话语过程，翻译的对象不是语言体系，而是话语（巴尔胡达罗夫，1985）。然而，在具体的翻译中，话语如何识别和划分，他却语焉不详。

尤金·奈达在与塔伯合著的《翻译理论与实践》一书中也指出了话语的重要性，并归纳了八种话语结构的普遍性特征，包括话语开头与结尾的标记，内部过渡形式的标记，活动词与物体词之间的空间关系标记，活动词之间逻辑关系的标记等（Nida & Taber，1974）。不过，奈达讲的话语与我们讨论的话语大相径庭，它实际上是指一篇文章。这一点在他的另一段论述中说得更清楚。在传统的翻译法中，译者把注意力集中在词的翻译上。后来，人们认识到把词当作翻译的单位不够大，于是基点落到了句子上。接着，翻译家和语言学家指出，把单个句子当作基本单位也不够大。他们认为基点应当是段落，并在某种程度上是整个话语（转引自谭载喜，1984）。

如此一来，话语变成了可用长度来确定的语言单位（大于段落），话语分析仅仅是语言单位的扩大，缺乏对使用中的语言进行功能描写和动态阐释（这是翻译的文艺学派对语言学派抨击最厉害之处）。这一模糊的认识是普遍存在的，澄清这一问题有利于话语分析的正确运用。

话语，是一个意义单位，是言语构造过程的产品，具有相对的完整性，通常是构成一个话题、完成一种可识辨的交际功能的一连串语句。话语研究的范围既涉及句子及句子内部各成分的关系，又涉及句子与句子之间的关系，还涉及语言使用的环境、使用规则、使用者的背景知识的作用及理解语言的心理机制等因素（罗选民，1992）。话语分析与传统句法分析的关系，犹如生理学与解剖学。前者是动态的、功能的，后者是静态的、规定的。仅仅把话语分析看作语言分析单位的扩大，是片面的。

2. 英汉话语的五种建构类型

一个话语有时候可能就是一个小句，甚至是一个词。这种关系在翻译中表现得尤为清楚。

北京外国语大学法语教授沈大力先生因著法文小说 *Les Enfants de Yan'an* 而获法国骑士勋章。该小说法文名意为"延安的孩子",而中译名却成了《悬崖百合》。之所以能有这样大胆的意译,是因为书名可视为小句,实际上却也是话语,它与全书各章节有着千丝万缕的联系,是全书的主题,其作用是一个小句群或段落中的小句无法相比的。

话语不能以长度来确定,但它可以通过语义来完成。根据话语分析,我们可以借助语义得出英汉话语的五种建构类型:

第一,话语可由一个单句或若干小句组成的句子而建构。如:

HOW OLIVER PASSED HIS TIME IN THE
IMPROVING SOCIETY OF HIS REPUTABLE FRIENDS
(Dickens, 1998)

这是狄更斯小说《雾都孤儿》第十八章的标题,用大写字母表现,一个小句独立地构成话语,对全章起到提示和概括作用。在中国的章回小说中,这种例子比比皆是。《红楼梦》第一回是"甄士隐梦幻识通灵 贾雨村风尘怀闺秀",《三国演义》第七十六回是"徐公明大战沔水 关云长败走麦城"。

一个由若干小句组成的句子,也可以根据其语义关系构成一个话语。我们看艾芜《海岛上》一文中的例句:

（1）
原文:
一早给水门汀冻醒了,爬起来刚扣衣纽,屋外一望无际的淡蓝色海面和几只茶褐色的风帆,便像壁间的大画幅一样,明静而清新地摆在我的眼前。
（艾芜,1981）

一个句子,由若干小句组成,介绍了作者醒来的原因和起床后见到的情景。句子中发生的动作一个接一个，都在一瞬间完成，前后形成因果关系，具有一个话题的完整性，不宜拆开，整个句子构成了一个话语。

Jenner（1970）在翻译该例时，用了两个英文句子：

译文：

As the cold concrete had woken me at first light, I had got up and started putting on my clothes. The pale blue sea with brown sails on it spread peacefully and fresh in front of my eyes like a vast picture on a wall. （Jenner, 1970）

原作是一句，而英译却成了两句，这是否说明二者对话语的理解不一致呢？否。这恰恰说明了话语不能以长度和句子的数量来衡量，翻译时可以不必拘泥于句数的对应，重要的是语义的完整。

第二，话语可由两个以上的句子建构。如：

（2）
原文：

忽然想起采莲的事情来了。采莲是江南的旧俗，似乎很早就有，而六朝时为盛；从诗歌里可以约略知道……于是又记起《西洲曲》里的句子：
采莲南塘秋，莲花过人头；
低头弄莲子，莲子清如水。（朱自清，1986）

该话语由三个句子构成。第一句是单句，实际上是核心句，后面两句都是对它的补充和追述。第二个句子有四个小句，均以采莲为主语。话语似乎可以由此断开，但下句用"于是"紧接上来，引出了曲中的采莲诗，与上文浑然连成一片，如行云流水，不可分割。若把该话语译成英文，就必须通过话语间的种种标记来表达这种纽带关系。

译文：

Then all of a sudden, I was reminded of the custom of plucking lotus seeds prevalent in Jiangnan, handed down probably from a very remote period and becoming quite popular during the Six Dynasties, as may be seen roughly in songs and poems that survive. This in turn revealed my memory of the following lines in the "West Islet Ditty":

In autumn I pluck lotus seeds in the South Pond,

Tall are the lotus plants, taller than me.

My head bent low, with lotus seeds I play,

Green, green as water all the lotus seeds I see.（王椒升，1985）

译文用了两个句子，通过then、as、in turn等表时间和因果的词和短语自然地表达了原文的神采。

第三，话语可由一个文段（文章的自然段）建构。请看下面的英文例句及其译文：

（3）

原文：

Here is, perhaps, no other sport in the world quite so exciting as skiing. For viewers it is a spectacle of unsurpassed beauty. For skiers, it is a vivid personal experience, thrilling test of mind, muscle and nerves.（塞弗恩，1985）

译文：

世界上也许没有哪一项运动比得上滑雪那样令人激奋。对观众来说，滑雪表演简直无与伦比，蔚为奇观。对滑雪者来说，滑雪是一种亲历其境的生动体验，一种心灵上、肉体上和胆量上惊心动魄的考验。（谭梓焱，1985）

此例选自短文《滑雪》。整个自然段恰恰构成一个话语。第一句"滑雪令人激奋"是话语的中心意义所在，第二、三句分别讲观众的滑雪观感和运动员的滑雪体验，三个句子在语义上构成一体，又以第一句引出两个平行句式结构"For viewers... For skiers..."，加强了语义的向心性。

第四，在少数情况下，话语还可以由几个自然段构成。如：

（4）

原文：

"哈！这模样了！胡子这么长了！"一种尖利的怪声突然大叫起来。

我吃了一吓，赶忙抬起头，却见一个凸颧骨，薄嘴唇，五十岁上下的女人站在我面前，两手搭在髀间，没有系裙，张着两脚，正像一个画图仪器里细脚伶仃的圆规。

我愕然了。

"不认识了么？我还抱过你咧！"

我愈加愕然了。幸而我的母亲也就进来，从旁说："他多年出门，统忘却了。你该记得罢，"便向着我说："这是斜对门的杨二嫂，……开豆腐店的。"（鲁迅，1990）

从形式上看，该话语含五个自然段，紧扣作者见到杨二嫂的情景："我吃了一吓""我愕然了""我愈加愕然了"。一句扣一句，夹杂于话语之间，层层递进，生动地显示了作者惊诧的神情。紧接着，又以"幸而"这一转折连词引出母亲的话，从而把尴尬局面打破。五个自然段构成一个话语，若拆开，意义就不完整。

有时，几个自然段既构成一个话语，同时又构成一个语篇，这是话语与语篇包孕的情形。如下例：

译文：

A question often asked is: "What are the marks of an educated man?"

...

These traits or characteristics may be variously described and classified, but among them are five that should always stand out clearly enough to be seen of all men. The first of these is correctness and precision in the use of the mother tongue. The second and indispensable trait of the educated man is refined gentle manners, which are themselves the expression of fixed habits of thoughts and action.

...

A third trait of the educated man is the power and habit of reflection... When one reflects long enough to ask the question "How?" he is on the way to knowing something about science. When he reflects long enough to ask the question "Why?" he may, if he persists, ever become a philosopher.

A fourth trait of the educated man is the power of

growth. He continues to grow and develop from birth to his dying day...

A fifth trait of the educated man is his possession of efficiency, or the power to do...

Given these five characteristics, one has the outline of an educated man. (Butler, 1931)

该话语共有八个自然段，由一个修辞性问句引出。其中，the marks of an educated man 为话语中心，所有五个 trait 都是 marks 的部分重复。正由于该话语意义紧凑，建构话语时就得充分使用数字、重复、前指、后指、转折等多种话语标记，从而避免话语的单调和冗赘。

第五，话语还可以由一个词或词组建构。如建筑工地上的标识语 DANGER 一词，被用作一个警告信号，具有一种可识辨的功能，能产生言后行为 (perlocutionary act) (Austin，1962)，从而以一个字构成一个话语。它与一个句中出现的 danger 一词不同，后者不具有更多的含义，且受到句子的语境制约。获 1993 年诺贝尔文学奖的美国女作家托妮·莫里森 (Toni Morrison) 的小说 Beloved (《宠儿》) 也是一个好例子，它讲述了美国南北战争期间黑人妇女瑟·思的苦难命运。人们无法把这一用作书名的单词同某一章或某一句挂钩，它贯穿全书的始终，是短至一个词的话语。

3. 结语

所以，话语分析是基于语义之上的语言研究，研究一个话语如何能最有效地构成和最有效地被接受，而这样的接受与构成是在一种判断和认知过程中完成的。它考虑的是说什么，怎样说，对象是哪些，制约因素是哪些，等等。然后，在这种种因素之上，信息被组织，话语得以构成。

参考文献

- 艾芜.艾芜文集（第一卷）[M].成都：四川人民出版社，1981.
- 巴尔胡达罗夫.语言与翻译[M].蔡毅，等译.北京：中国对外翻译出版公司，1985.
- 鲁迅.呐喊[M].上海：上海文艺出版社，1990.
- 罗选民.论翻译的转换单位[J].外语教学与研究，1992（4）：32-37，80.
- 塞弗恩.滑雪[J].谭梓焱，译.英语世界，1985（5）：72-74.
- 谭载喜.奈达论翻译[M].北京：中国对外翻译出版公司，1984.
- 朱自清.荷塘月色[J].王椒升，译.英语世界，1985（5）：32-36.
- 朱自清.朱自清散文集[M].天津：百花文艺出版社，1986.
- AUSTIN J L.How to do things with words[M]. London: Oxford University Press, 1962.
- BUTLER N M. Evidences of an education[N]. Columbia Daily spectator, Volume LIV, No. 89, 1931: 1.
- DICKENS. Oliver twist[M]. London: Harper Collins UK, 1998.
- HALLIDAY M A K, HASAN R. Cohesion in English[M]. London: Longman Group Ltd., 1976.
- HALLIDAY, M A K. An introduction to functional grammar[M]. London: Edward Arnold, 1985.
- JENNER W J F. Modern Chinese stories[M]. London: Oxford University Press, 1970.
- NIDA E A, TABER C R. The theory and practice of translation[M]. Leiden: E. J. Brill, 1974.
- SZWEDEK A. Some problems of contrastive analysis of text linguistics[C] // FISIAK J. Contrastive linguistics: Prospects and problems. Berlin: Mouton, 1984: 419-430.

四　话语翻译的认知模型建构[5]

1. 引言

在语言研究和翻译研究中，模式研究起到了重要的作用。语言学家和翻译家都力图以模式来阐释话语的成构过程，提出描述和重构话语的方法与策略。关于话语认知模式的研究大致有两类：一是更多地对话语内部机制进行描写与阐释，如韩礼德的功能语法的分析模式；二是更多地从话语外部的相关条件来进行研究，如斯波伯和威尔逊提出的关联理论的模式。在翻译研究中，模式研究似乎更具有魅力，奈达提出翻译功能对等的重构模式，贝尔提出心理语言模式，霍姆斯则提出结构层图式转换模式。本文以博格兰和德雷斯勒话语语言学研究为基础，批判性地提出话语的认知模式。作者希望该模式所具有的解释力，能够对阅读、写作、语言教学，尤其是翻译研究起到积极的借鉴作用。

2. 话语七标准的特色与不足

2.1 话语研究的多维角度

1981年，博格兰和德雷斯勒（Beaugrande & Dressler, 1981）合著了《话

5　原载《外语与外语教学》2002年第7期，11—14页。

语语言学导论》(*Introduction to Text Linguistics*)，这是世界上第一本英文的话语语言学专著。该书在目的和方法上，与我们通常讨论的语篇/话语分析(discourse analysis)不尽相同。它对话语的文本形式和结构的研究显然不如其他研究多，似乎更热衷于从人类的"交讯"(communication)视角来描写和阐释话语的成构。作者认为有七个标准制约话语的成构：衔接、连贯、意图性、可接受性、信息度、语境性、互文性。任何一个标准的阙如，都可能导致话语交际的失败。

博格兰和德雷斯勒在话语研究上有显著的特点。话语被定义为一个交流事件，它应符合话语成构的七条标准。如果不符合这七条标准，话语就无法交流(Beaugrande & Dressler，1981)。可见，博格兰和德雷斯勒最关心的是交流事件的构成过程，其中，认知理解与阐释是关键。这与他们努力将话语放在计算机的语料中来研究不无关系。

韩礼德(Halliday，1985)则不一样。他的语篇分析建立在一个语法体系之下，着重对其功能进行描述。他的《功能语法导论》从小句入手，系统地分析和探讨了小句的信息、交换和表述，对小于或大于小句的语言单位也进行了研究，还探讨了小句的邻近层次，如语调和节奏等。他还探讨了衔接与话语，这是该书与话语/语篇分析联系最紧密的一章。不过，在韩礼德与哈桑(Halliday & Hasan，1976)合著的《语篇的衔接》一书中，衔接的手段得到了更为充分的论述。尽管韩礼德也认为话语既是一个"成品"(product)，也是"过程"(process)，但他认为分析作为过程的语篇较为困难(胡壮麟，2000)。韩礼德的话不无道理。事实上，其他话语研究者，如库特哈德、布朗和尤尔、范代克等，基本上也是把语篇作为成品来研究的，如主位–述位的推进、话语的宏观结构与微观结构、话轮、语类等。杨信彰(2000)提出，话语研究有五种分析方法：结构分析法、认知分析法、社会文化分析法、批评分析法和综合分析法。这是一种比较粗略的划分方式。其实，我们很难将某人的研究简单地划入某一种方法，通常要以某一种方法为主，但不排除使用其他方法的可能性。

弄清话语分析中的不同研究方法和对象是重要的，它能使我们的分析和研究方法更加合理，更具有一致性和系统性，从而避免以偏概全。

2.2 博格兰和德雷斯勒对话语标准的阐释

博格兰和德雷斯勒在语言学、人类学、文体学、认知科学、人工智能、心理学、文学等多学科的研究基础上提出了话语的七条标准，并依次对它们进行了描述。第一条标准为衔接，指的是表层话语的构成成分，即我们听到、看到的词在一个系列中的相互联系。这些表层成分依据一定的语法形式和习惯相互依存，由此我们可以说，衔接是建立在语法依附关系的基础上的。第二条标准为连贯，指的是在话语世界中，各种成分是如何相互影响和联系的。话语世界指的是隐藏在表层话语背后的概念与关系的建构。博格兰和德雷斯勒指的概念是能够在大脑中被激活的，具有一致性和连贯性的知识构型，关系则是在一个话语中同时出现的概念链。比如在 "Jack fell down and broke his leg."（杰克跌倒了，摔断了腿）一句中，"跌倒" 是 "摔断" 的原因，是后者必需的条件。连词and在此处不是表示并列关系，而是表示因果关系。在博格兰和德雷斯勒看来，连贯比衔接更重要。连贯这一概念已经描绘出把话语当作人类活动这一门学科的实质。一个话语本身并没有什么意义，它是通过语段中保存的认知与头脑中存储的知识的相互作用来认识世界的（Beaugrande & Dressler，1981）。博格兰和德雷斯勒由此断言，话语语言学家必须与认知心理学家合作，探讨语段意义这种基本的东西，而理论与方法也必将是或然性的，而不是决定性的。换言之，这些理论和方法关注什么是通常发生的，而不关注什么是总是发生的。衔接和连贯是话语研究的中心概念，它们决定了研究的对象为语篇材料（Beaugrande & Dressler，1981）。了解这些对掌握话语语言学的研究方法与重点很有帮助。

在衔接与连贯之后，博格兰和德雷斯勒探讨了第三条和第四条标准，意图性与可接受性。不是分别探讨，而是放在一块讨论。一个话语必须有意图，并在交际中起到相互作用。因为，在真正的言语交际中，衔接和连贯都不能为话语和非话语之间提供绝对的界限，这时，我们应该认定话语的发出者是希望通过其话语来完成某种意图的。接下来，博格兰和德雷斯勒讨论了第五、六、七条标准，信息度、语境性与互文性。信息度与所描述的话语事件相关，即预料中的话语事件与未预料到的相对，已知的与未知的相对。在任何语言体系中，话语的事件应提供新信息。语境性指一个与话语事件相关的语境因素，对话语的衔接与连贯方式产生影响。路标"Slow, Children at Play!"的意义是指示司机"缓慢驾车，此处有孩童在游玩"。但这只能用于语义分析，不能用于现实语境。驾驶者的时间和注意力有限，语境性决定了"简洁"比"详尽"更恰如其分。根据语境性原则，此处宜用路牌标记"慢！儿童在游玩！"互文性指话语的使用依赖于当前出现的另一话语或更多话语中的知识因素。话语具有典型的形式特征，互文性对话语语体起到了调控作用。通常，使用中的话语与使用以前碰到的话语之间的跨度越大，调节度越大。在诸如回答、反驳、汇报、总结之类的话语中，调节度就特别小。话语的类型同话语行为和话语环境相互联系。当然，互文性还涉及话语的引用等。

2.3 话语七标准的解释力与不足

应该说，博格兰和德雷斯勒提出的话语的七个标准具有很强的解释力。它们的指涉对象不仅仅是一个语篇，还有语篇赖以生成的各种因素，如心理的、信息的、语用的、美学的，它们不仅讨论语篇的句法结构，还讨论动机的选择、对世界的认知、信息的存储和输送、语境的制约与关联、文本的类型与相互作用等，这些与作者的著述初衷是合拍的。

1976年夏，博格兰和德雷斯勒在欧洲社会语言学会议上承诺，将合力把后者那本已经广为接受的《话语语言学入门》进行修订，使该理论得到充分的发展。但随着研究的深入，他们发现，过去的承诺只能保证他们在旧的研究目标上增加一点新的研究方法而已，因为，各学科之间交叉发展的趋势已经十分明显。于是，他们决定在深入研究的基础上，写一部能反映语言学发展最新规律的著作。英语版《话语语言学导论》一书就是在这样的背景下出炉的。我们可以在这本书前言中，看到这么一段话：语篇科学的发展要求其具有自己的学术术语和指称，这是其目标的性质使然（Beaugrande & Dressler, 1981）。在这一目标下，话语语言学认为探索的模式比决定论的模式更充分、更实际；对结构产生过程的动态分析比结构本身的静态描述更具有创造性。话语语言学家应刻意去发现概率、策略、动机、选择和误差，而不只是发现规则和规律。这些主张，无疑是建设性的和发人深省的，对话语语言学的建立和发展起到了十分积极的作用。

然而，博格兰和德雷斯勒的主张并未取到预期的效果。《话语语言学导论》一书问世已20年，没有得到足够的重视，没有一版再版。其原因可能有几个方面：

（1）博格兰和德雷斯勒的话语分析方法是建立在认知和心理语言学的基础上的，不少心理分析和实验得在计算机上进行，技术上的要求限制了他们得到更多的支持者。

（2）话语语言学与语篇/话语分析不一样。后者是一种基于语篇/话语之上的研究方法，而前者要建立一门关于话语研究的新学科，从话语语言学冠名上即可看出著者的用心。正因为如此，该学科的发展要求在广度和深度上有更多的支持，该学科的完善从而也需要更长的时间。

（3）作者在分析话语的七个标准时，方法和技术上处理得不到位，从而限制了七项标准对话语事件的解释力，妨碍其获得预期的效果。

3．话语模式的建构

如前所述，博格兰和德雷斯勒的意图和主张是正确的，然而，他们的分析方法不到位。尽管他们声称，要在动态过程中把握话语的研究，但他们对话语七个标准的分析并不是动态的、系统的，相反，七个标准的内在联系却因他们在内容和目录中的排列而被割裂和削弱了。在本节中，笔者提出一个话语的建构模式（见图1），以期对交际中的话语进行动态的分析。

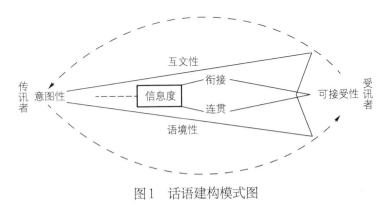

图1　话语建构模式图

从图1可以看出，除了原来的七个标准外，笔者在"火箭模式"前后加上了传讯者和受讯者，表明交际活动从传讯者开始，到受讯者结束，再进行角色轮换。这是人类交际的基本形式。该模式希望表明人们的交际活动以认知为主导，是互动的、开放的和无限循环的。笔者将七个标准分布在一个类似火箭的模式上，是为了说明，人们的传讯犹如发射火箭，火箭要一直将卫星送到预定的轨道，而且运行良好，运载才能是成功的。我们不指望百分之百精确，但它不能离轨。话语交际与火箭运载的道理是一样的。

衔接与连贯位于模式框的内部，表明它们是话语研究的核心，是话语值的体现形式。然而，它们并没有被放置在首位。笔者之所以将意图性放在火箭的尖端，是因为每一个话语都承载着传讯者的意图，并与其他标准相互作用。一个成功的交际起码要将传讯者的意图成功地送到受讯者处。乔姆斯基生造的句子"Colorless green ideas sleep furiously"，在语法上是正确的，然而它不具备意图性，故不能构成"话语的交际"。在翻译中，情形亦是如此。意图如果不能在译文中得到体现，那么，这一译文很难说是成功的。博格兰和德雷斯勒没有对意图性进行详细的描述，因为意图要包含信息度才能得到凸显，信息度的强或弱则是决定意图传送成功或失败的重要因素。信息靠衔接得到形式上的表现。一个话语可以有一个或多个意图，这些意图可以是一个实体或一个事件，需要概念的网络来表现其关系的分布。当我们说"人固有一死"时，该话语不具备信息度。因为人必有一死，已是一个常识。但如果在其后加上"或重于泰山，或轻于鸿毛"，话语就具备了信息度，产生了新的信息，能产生交际中的言后行为。当然，意图和信息都不具备形态上的表现。我们通过文字的概念组合而形成的信息网络来认识话语，从而实现交际意图。信息组织的起承转合与衔接有关，而将不同的概念有机地组合起来，靠的是连贯。在模式的外围，上有互文性，下有语境性，它们对话语的衔接与连贯起到描写和参照作用。话语因此得到了逻辑和语篇方面的特征。互文性和语境性决定了一个话语是否具有语值，是否关联。互文性和语境性在翻译中尤为重要，此时，文本的互涉和语境的参照不是在一种语言而是在两种语言的话语或文本中得以表现。此时，译者比作者和读者考虑的因素更多。可接受性是最后一个标准。在话语的交际中，我们总是假设任何一个话语都具有意图，即便表面上不相关的句子，通过语境的分析仍可发现其内在关联，从而证明它是可接受的。话语的七个标准互相制约、互相联系，传讯者与受讯者的角色可以转换，话语的交际由此而无限地循环。

4. 话语认知模式对翻译文本建构的作用

我们花了较长的篇幅来探讨话语的认知模式，这一讨论有助于我们对翻译文本的理解和建构。理由如下：

第一，在翻译中，理解是翻译的前提，而理解必须对话语的意义有完整的把握，理解又是由认知来决定的。话语的认知模式凸显了认知的先导地位，它时时提醒我们，不要满足于对局部的理解，而应时时从话语的意图出发，通观全文，然后根据话语的七个标准来建构译文。

第二，要把翻译活动放在互动的话语交际中思考，把认知看作翻译活动的起点，在强调忠实于原作的同时，也强调译者的主观能动性。这可能是话语翻译同传统翻译观的分水岭。《红楼梦》中的咏蟹诗很有意思，笔者将它的两种译文拿来分析，以说明一些问题。在《红楼梦》众多译本中，杨宪益与戴乃迭译本及霍克斯与闵福德译本为全译本，简称杨译（本）、霍译（本）。

（1）

原文：

桂霭桐阴坐举觞，长安涎口盼重阳。眼前道路
无经纬，皮里春秋空黑黄。酒未敌腥还用菊，性防
积冷定须姜。于今落釜成何益，月浦空馀禾黍香。
（曹雪芹，1996）

译文a：

We sit, cups raised, in the shades of osmanthus and
Wu-tong;

Mouths watering, for the Double Ninth we pine;

It crawls sidewise because the ways of the world are crooked,

And, white and yellow, harbours a dark design.

Wine won't purge the smell without chrysanthemums,

And ginger is needed dyspepsia to prevent,

What can it do now, fallen into the cauldron?

On the moonlit bank all that remains is the millet's scent. (Yang & Yang, 1978)

译文b：

With winecups in hand, as the autumn day ends,

And with watering mouths, we wait our small friends.

A straightforward bread you are certainly not,

And the goodness inside you has all gone to pot—

For your cold humours, ginger, to cut out your smell

We've got wine and chrysanthemum petals as well.

As you hiss in your pot, crabs, d'ye look back with pain

On that calm moonlit cove and the fields of that grain? (Hawkes & Minford, 1973)

这是一首咏蟹诗，字里行间多有讥讽之意。在译文a中，杨译第一联，直译紧扣原文，只是桂花和梧桐，前者意译为osmanthus，后者音译为Wu-tong，彼此不能协调；而在译文b中，霍译采取意译，意义上虽有损失，但逻辑上可行。第二联，两个译本均译得不错，可谓各有千秋。在第三联"酒未""性防"二句的翻译中，两个译本均未将"还用菊"理解为"菊花酒"，杨译说无菊有酒不能除蟹腥，而霍译说为去蟹腥同时准备了酒和菊花，理解细微。杨译将"性防积冷"译作 dyspepsia（消化不良），存粗去精，而霍译将其译为 for your cold humours（你的冷血/脾性），可谓寓意深刻。最后一联，杨译在形式上几乎丝丝入扣，只是以小米替代禾黍，不会产生南北错位。霍译则别出心裁，把两句相连，并通过对蟹的发问，把讽刺与嘲弄表现得淋漓尽致。王宏印（2001）认为，杨译中的第一人称复数 we 和第三人称 it 同时出现在一首诗中，却老死不相往来，译者拘泥于原诗诗行和诗句的划分，第一联写人，第二联写蟹，第三联又写人，第四联又写蟹，未能注意到整首诗的统一性。霍译则大胆运用第二人称代词，加上 crabs、our small friends 等呼语和摹状语，同第一人称代词"对话"，产生了戏剧般的场景效果，使整首诗浑然一体，妙趣横生。这种效果，只有在译者同原作者在精神上产生互动的情况下才能得到。不过，杨译选择用 it 来指代蟹，读者根据上下文就可以知道这是个回指。之所以这样做，是因为众人皆知，咏蟹是《红楼梦》中最精彩的章节之一。薛宝钗的这首诗，没有出现过一个蟹字，却把蟹描绘得栩栩如生，只可惜译文无法达到这样的高度，艺术效果因此打了折扣。

第三，过去，我们的翻译研究经常停留在结果分析上，满足于对译文的形式和结构进行分析。而话语认知模式要求读者在动态中解释话语：对不同的译本，不仅要思考什么样的翻译是最好的，还要思考不同的译者采用不同的翻译方式的原因。此时，我们并不追求唯一正确的答案，而是要找出最合理的解释。同是一本《尤利西斯》，在翻译中，不同的译者会有不同的处理。萧乾更关注译本的可读性，而金隄更关注译本的信息度。

第四，要把翻译活动放在话语的层次上来考虑。在翻译中，我们应该思考译文话语如何能同原文话语达到最佳的关联，以符合话语的七个标准，从而在话语的层次上实现与原文话语等效，而不是满足于词和句的形式对等。这一点可以解释为什么霍克斯和闵福德在翻译《红楼梦》时，在不同的情形下采用不同的处理方式。在《红楼梦》的书名处理上，译者取小说的另一书名《石头记》，译作 *The*

Story of the Stone。而当"红楼梦"一词出现在诗行中时，翻译处理又不一样。如：

（2）

原文：

趁着这奈何天，伤怀日，寂寥时，试遣愚衷。

因此上，演出这怀金悼玉的《红楼梦》。

（曹雪芹，1996）

霍克斯和闵福德是这样翻译最后一句的：

译文：

And so perform

This Dream of Golden Days.

And all my grief for my lost loves disclose.

（Hawkes & Minford, 1973）

显然，霍克斯和闵福德是从话语的角度来处理译文的。译者不是直译诗行中的《红楼梦》，而是译为 *This Dream of Golden Days*，与小标题中的 *A Dream of Golden Days* 稍有区别。这表明译者超出了词和句的层次，从话语的角度来考虑翻译的建构。

第五，话语的认知模式可以扩充为翻译的认知和关联模式，它具有可操作性，不仅有利于翻译文本的完整建构，还可以更好地揭示翻译活动，甚至是语言活动的规律。

5. 结语

话语的认知模式是一种纯理性模式，它对写作、阅读、翻译都具有积极的指导意义。七个标准还可视为翻译的操作标准，能够使我们从动态的和描写的角度分析话语。在翻译中，我们坚持用话语的认知模式来分析、解构源语话语和建构译语话语。话语的认知模式不仅可帮助我们更好地理解话语，在话语的层面上开展翻译研究，也可从另一个侧面推动话语语言学的研究。

参考文献

- 曹雪芹.红楼梦[M].北京：人民文学出版社，1996.
- 胡壮麟.导读[M] // 韩礼德.功能语法导论.北京：外语教学与研究出版社，2000：18.
- 王宏印.《红楼梦》诗词曲赋英译比较研究[M].西安：陕西师范大学出版社，2001.
- 杨信彰.导读[M] // 吉.话语分析入门：理论与方法.北京：外语教学与研究出版社，2000.
- BEAUGRANDE R D, DRESSLER W. Introduction to text linguistics[M]. London: Longman Group Ltd., 1981.
- BELL R. Translation and translating: Theory and practice[M]. New York: Longman, 1991.
- HALLIDAY M A K, HASAN R. Cohesion in English[M].London: Longman Group Ltd., 1976.
- HALLIDAY M A K. An introduction to functional grammar[M]. London: Edward Arnold, 1985.
- HAWKES D, MINFORD J. The story of the stone[M]. London: Penguin Books Ltd., 1973.
- YANG X Y, YANG G. A dream of red mansions[M]. Beijing: Foreign Languages Press, 1978.

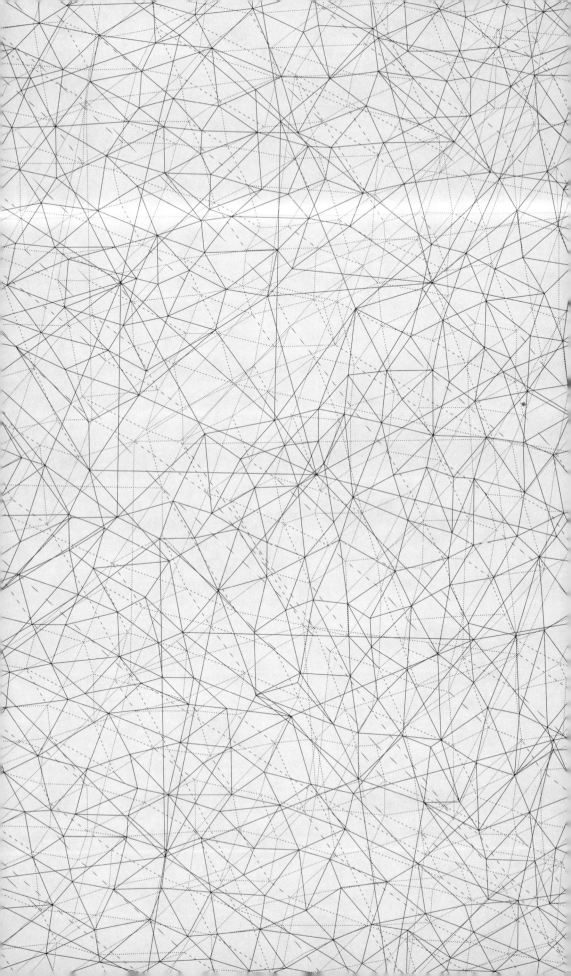

第二部分

翻译与互文性

导　言

翻译研究本质上具有跨学科性，它与多学科的融合、渗透和交叉，使翻译研究的空间得以延伸。翻译研究本身是一门具有内在创新动力的学科，它不仅借助于其他学科丰富自身，究理探新，而且以自身为节点，使其他学科以马赛克的形式互通互融，充分体现现代性的价值理念。

互文性研究有助于引导人们从文本表面的互文现象转向深层社会文化原因和动机研究。互文性是文学批评、语言学和翻译研究的新课题，主要分为两种：显性互文性和成构互文性。笔者将"糅杂"定义为显性互文性的一种形式和手法，与互文性的其他形式不同，它的用据通常无法考证，语汇内涵更加丰富，需要更多的创造性阅读。互文性情形多出现在诗歌中，诗歌翻译为文学翻译之最难，而因其特殊性，也历来被译者和翻译研究者讨论得最多。诗歌可以说是世界上最古老、最基本、最具艺术性的文学形式。诗歌中出现的糅杂画面常常完美而和谐，翻译难度大，有时甚至不可译。在杜甫的

《秋兴》中，"秋""枫林""巫峡""丛菊泪""孤舟""寒衣"等文化意象，体现了诗人对糅杂的互文性手法的熟练运用，但这也无疑使得其互文意蕴翻译成为一项艰难的工作。笔者选取东西方译者三种不同的英译文，对其进行分析。在处理诗歌形式与"独立价值"[6]等问题时，三个译本有不同的取舍，笔者通过分析比较，认为 Graham 的译本与另外两个译本相较，虽然形式和韵脚不够齐整，但其对全文的意象保留最为完整，具"独立价值"。由此，我们可以得出，要在译文中体现糅杂所包蕴的丰富意象，须通观全篇，保持严谨的态度，理解原文整体风格，进行创造性的阅读，在目的语中找出同质的语汇，才能更好地在译作中将原作意蕴体现出来。

任何一个文本的形式都不是孤立的，它总是与一个民族的文学、历史、传统和习俗等诸多因素交融。文本之间是互动的，现在的文本不仅与过去、将来以及同时代的文本发生这样或那样的联系，而且与世界上其他民族的文化有着显性和隐性的联系。在文学翻译中，处理好互文性问题可以让译文变得更加忠实于原作，也更易于读者领会原作中所包含的文化意味。目前，《红楼梦》有多个译本，广受好评的莫过于杨宪益和戴乃迭的译本以及霍克

---

6 参见托多洛夫《批评的批评》，王东亮、王晨阳译，台北：桂冠图书股份有限公司，1990年，第3页。托多洛夫引述了雅柯布森的一段话："诗不过是一种旨在表达的陈述……如果说造型艺术是具有独立价值的视觉表现材料的形式显现、音乐是具独立价值的音响材料的形式显现、舞蹈是具独立价值的动作材料的形式显现，那么，诗便是具独立价值的词、独立的词的形式显现。"

斯和闵福德的译本。《红楼梦》两个译本在书名的选择和翻译上皆依照自身的偏向性有不同的互文性考量，杨译本更偏重作者，而霍译本更偏向读者，两种译名分别在"红楼"和"石头"所蕴含的不同文化意义上深究。笔者更偏向于认可霍克斯和闵福德的 *The Story of the Stone* 译本，笔者也始终认为：无论英译汉还是汉译英，文化层面的互文性应优先于语言层面的互文性；作者和译者与读者相比，读者应摆在首要位置。在翻译文学作品时，解决互文性问题需要译者有比较高的文化素养和严谨的学术作风，才能厘清原文语言文化和译文语言文化背后的深刻内涵，使得译作忠实而又自然。

互文性理论源于20世纪60年代，体现了跨学科视域的特性，吸纳了文学、哲学、符号学、文化研究等学科的有益成分。耶鲁解构学派的互文性研究在文学批评方面占有举足轻重的地位，同时也为翻译研究带来了新的启示。互文性理论在翻译研究中的广泛运用拓宽了译学研究的视角，促进了合理的翻译批评阐释的建构，进而推动了本土理论资源的挖掘和中西文论与翻译研究的相互阐发，使得翻译研究向形而上的纵深方向迈进（这也正是我国译论所欠缺的）。互文性理论强调对文本的解读，翻译研究是中西文化沟通的驿站，因而从互文性角度进行翻译研究将激发中国学者对元语言的探索，促使研究者们从文本出发，潜心于纯粹的中西语言思辨与分析，从而寻找中西文化在本质上的异同。互文性理论所强调的文本不应局限于文学文本，绘画、雕塑、建筑、音乐、影视等不同学科所形成的文本也应纳入研究的视野，这些文本共同构成了人类的精神财富。这种以翻译为背景的跨学科互文性研究不仅将使翻译研究回归本真，而且将给人类文明的共同进步带来启示。

互文性理论兼具多个学科优点，为当代翻译研究带来了更为宽阔的视野。本部分意不在蜻蜓点水般面面俱到，画出一张与翻译研究相关的跨学科研究图谱，而在以互文性的视角，给后来的翻译研究者以启发，为我国翻译理论建设注入互文性所折射出的精神和意旨，以互文性的精神内核为指引，使我国的翻译研究溯及源头，置身现世，指向未来。

五　从糅杂看杜甫《秋兴》诗的
互文性翻译[7]

1. 引言

　　费尔克劳（Fairclough，1992）区分了两类不同的互文性：显性互文性和成构互文性。两个术语的区别体现在它们对互文的直接与间接使用上。显性互文性指的是其他语篇的表层特征，如引用、镶嵌、戏拟等可以在文本中找到的明显标识，读者只要根据文本收受者的阅读经验和社会常识，就可以清楚地在阅读文本中找到与其他文本或语篇相互指涉的痕迹。成构互文性并不与具体的互文指涉发生联系，而是指过去的和现在的体裁、规范、类型，甚至主题都可能在阅读文本中发生相互指涉的关系。通常来说，显性互文性可以在文本的局部和片段中得到明辨，而成构互文性需要系统地阅读全部文本才能被发现。显性互文性是指存在于一个语篇中的，能够标明与其他语篇发生联系的语言特征；成构互文性指一个语篇的体裁存在模仿和借用关系，它涉及话语规范的组合。互文性研究有助于引导人们从文本表面的互文现象转向深层社会文化原因和动机研究。本文主要讨论显性互文性糅杂在诗歌翻译中的表现。

7　原载《翻译学报》，2008年第2期，1—11页。

2. 糅杂：杜甫《秋兴》诗的互文性分析

虽然不少国内外学者大都将糅杂列入互文性的表现形式，但如何界定它，却语焉不详。在本文中，作者试图这样去定义"糅杂"：它是显性互文性的一种形式和手法，出现在词汇层面，是过去和现在语汇的交织融汇，给人以似曾相识的感觉。但糅杂与互文性的其他形式（如引用、镶嵌）不一样，其用据通常无法以完整的意义单位考证，而其他形式可以根据读者的阅读经验追本溯源。糅杂的语汇内涵更加丰富，更加耐人寻味，需要更多的创造性阅读。

互文糅杂情形在诗歌中出现得最多。在一首诗中，诗人作诗会缘情缘境而发，过去的文本和现在的文本相互交融，出现在诗人的意识或潜意识中。这种现象在古诗中尤为常见。我们可以在杜甫、白居易、李商隐的诗中寻找到大量的糅杂画面，但这些糅杂画面是完美而和谐的，翻译起来也特别艰难，有时甚至不可译。法国学者郁白（2004：174）在谈到杜甫诗歌时这样说："这些诗篇所表达的是生存之无能为力。这在很大程度上，可谓充满浪漫激情的十八世纪法国诗人的鼻祖。实际上，他们彼此类似，借用维克多·雨果年轻时代著名诗集的标题而言，那是光与影在此交融共存[8]。"郁白尤其提到了杜甫的《秋兴》诗，认为十个世纪以来，从没有一首中国诗歌像它一样被多次注解、被逐字逐句地条分缕析（叶嘉莹，1988）。但它的复杂性似乎令不止一位译者望而却步[9]（郁白，2004）。事实上，19世纪以来，《秋兴》只有一份完整的法文译本，此外，该译本因译法自由而瑕疵累累，近乎曲解[10]。我们下面取《秋兴·其一》

8　该句比较费解，译文不达应该是主要原因。

9　郁白（2004）此处说的"不止一位译者"当包括法国著名汉学家戴密微，因为他的巨著《中国古诗选编》（*Anthologie de la Poésie Chinoise Classique*）就没有收入杜甫的《秋兴》组诗。其实，中国学者李惟建（1985）的《杜甫诗选》也没有收入《秋兴》组诗。

10　根据郁白的参考书目，此译本应该是"Chant d'automne", in Marquis d'Hervey-Saint-Denys, *Poésies de l'Epoque des Thang*, Champ Libre, Paris, 1977. 不过，英文翻译情况要好一些，比较好的译者有Stephen Owen、Mc Craw、A. C. Graham、柳无忌、吴钧陶、孙大雨等。

来解读互文的糅杂现象。

原文：

玉露凋伤枫树林，巫山巫峡气萧森。

江间波浪兼天涌，塞上风云接地阴。

丛菊两开他日泪，孤舟一系故园心。

寒衣处处催刀尺，白帝城高急暮砧。

（杜甫，1983）

　　杜甫的《秋兴》属于哀歌一类的作品，古人用"秋"指衰老的容颜，以"秋怀"指秋日的情怀，以"秋怨"指秋日的悲怨情绪，一个"秋"字成为蕴含绵绵愁绪和惊恐哀伤的文化意象。在杜甫的《秋兴》以前，有阮籍的《咏怀》和庾信的《哀江南赋》，还有潘岳的《秋兴赋》[11]，这些前文本都可能对诗人有所启迪，由此而产生的互文指涉可以激励积极的阅读思考，可谓体裁互文性的具体表现。屈原在《离骚》中也有对秋日的描写："日月忽其不淹兮，春与秋其代序。惟草木之零落兮，恐美人之迟暮。"可见，秋与迟暮，与生命的终结是联系在一起的[12]。在《秋兴·其一》中，第一句的"枫树林"意味着秋日的伤痛，火红的枫叶象征了滴血的心。在《楚辞·招魂》[13]中，宋玉曾用枫

---

11 关于潘岳《秋兴赋》的英译，见孙大雨（1997）。

12 "秋"因草木凋零会给人们带来悲伤意识，也能因谷物丰收而给人带来喜庆气氛。刘禹锡（转引自萧涤非等，1983）在《秋词》中即写道："自古逢秋悲寂寥，我言秋日胜春朝。晴空一鹤排云上，便引诗情到碧霄。"同样一个"秋"字，因人而异、因时而异、因地而异。

13《招魂》的作者争议颇多。司马迁在《史记》中认为是屈原所作。但朱熹（1979：133）说："《招魂》者，宋玉之所作也。古者人死，则使人以其上服升屋，履危北面而号曰：'皋！某复。'"鲁迅（1973）也认为："又有《招魂》一篇，外陈四方之恶，内崇楚国之美，欲召魂魄，来归修门。司马迁以为屈原作，然辞气殊不类。其文华靡，长于敷陈，言险难则天地间皆不可居，述逸乐则饮食声色必极其致，后人作赋，颇学其夸。"在本文中，笔者取朱熹和鲁迅之看法。

叶来表达哀伤之情："湛湛江水兮，上有枫。目极千里兮，伤春心。"阮籍有《咏怀》："湛湛长江水，上有枫树林……远望令人悲，春气感我心。"第三句中的"江"与第二句中的"巫山巫峡"糅杂在一起，给人以恐惧和窒息的感觉。要知道，在古代文学描写中，夜寒莫过于五更，流险莫过于三峡[14]。第五句有"丛菊""泪"，可以在杜甫其他诗句中发现类似的描写，如"感时花溅泪，恨别鸟惊心"。而接下来的"故园"指长安，表达了诗人怀念京城的家园，而牵系他思念的是一叶小舟，或是一个幻象。"寒衣"一词出自杜甫十分推崇的诗人庾信的诗："急节迎秋韵，新声入手调。寒衣须及早，将寄霍嫖姚。"（《咏画屏风诗·十一》）和"秋夜捣衣[15]声，飞度长门城。"（《夜听捣衣诗》）在中国古代诗歌中，"寒衣"与"捣衣"是两个相伴相生的意象，它们共同营造出深秋清冷的意境和人们深深的离愁别绪。"寒衣"指冬日御寒之衣，古时妇女通过送寒衣来表达对亲人的关爱和思念。如唐代女诗人陈玉兰的《寄夫》："夫戍边关妾在吴，西风吹妾妾忧夫。一行书信千行泪，寒到君边衣到无？"孟姜女"千里送寒衣"的故事更是以其情真意切为历代称道。杜甫此处以"寒衣"来表达自己深切的失望。尽管我们可以在前人的诗章中发现一些指涉文本，但杜甫的诗读起来一气呵成，不见糅杂的痕迹，犹如浑然天成。这是互文手法运用到炉火纯青的标志。

---

14 毛泽东诗词《答友人》中有"洞庭波涌连天雪，长岛人歌动地诗"，这两句实际上模仿了杜甫的"江间波浪兼天涌，塞上风云接地阴"。但毛诗表达了一种革命者的豁达情怀。（毛泽东，1976）

15 "捣衣"是寒衣制作的一道工序。《文选》五臣注曰："妇人捣帛裁衣，将以寄远也。"古代妇女们织好的布（麻织品）或帛（丝织品），因纤维富含胶质，很硬挺，不能直接用来裁制衣服，要先把它们铺在平滑的砧板上，用木棒（杵）敲击脱胶，使之平滑柔软，才能裁制衣服，这个过程称为"捣衣"。这项工作大都由古代家庭妇女担任，但在商业发达的城市，如南宋首都临安（杭州）便有专门为顾客浆衣的"褾衣铺"。资料来自http://economy.guoxue.com/article.php/8705（2020-01-20）。

3. 秋兴诗的互文性翻译

面对《秋兴》这样千古流传的诗，要将其中糅杂的互文意蕴通过翻译表现出来，是一项十分艰难的工作。因为，此时译者要考虑的不仅仅是前文本，还有互文本在译文中的表现。试看下面这首《秋兴》诗的两种英译：

译文a：

Before the Autumn's pearling dew the maple woods decay.

O'er Magic Hill and Wizard Gorge broods desolation's sway.

The billows of the river leap to touch the boiling sky.

The storm-clouds driven o'er the Pass o'er Earth as shadows fly.

The asters twice have opened a fresh year's tears to view.

The lone boat once tied up acquires old longings ever new.

All round, their winter clothes to make, the rule and scissors ply.

Till sunset thuds the busy block o'er Po-ti's towers high.（Fletcher，1966）

译文b：

The pearly dews depress and wilt the maple woods,

Wu Cliffs and Gorge are veiled in a haze of woes.

To heaven high the waves of Yangtze leap and bound,

The ominous clouds cloak the mountain pass to

ground.

> I'll weep for having twice seen asters bloom and die,
>
> The lonely boat yet anchors my heart that'll home fly.
>
> All scissors and rulers are busy for winter clothes,
>
> And washing mallets beat at dusk in White
>
> Emperor's alp blows.（吴钧陶，1985）

    上面两首译诗是中外两位译者努力的结晶，基本上取得了与原文近似的互文效力。从类型上看，两位译者特别注意诗的节奏和语言的优美。原文为七律，共八句，两篇译文紧跟原诗，连押韵都一样，采用了 aa bb cc dd 的韵式。语言肃穆，古风依旧，古诗的功能得到了较好的体现，在体裁上与原诗达到了互文。另一位汉学家 Cranmer-Byng 所译同一首诗[16]，以两行英文对译一行中文，语言虽明白流畅，诗性功能却大大削弱，回译成汉语诗，会像中国的新诗或白话诗。

    前面提到的《秋兴》，为中国文学的精华，是许多有成就的翻译家和汉学家做翻译的必试之作，要将这些译诗拿来一一对比，大有研究的空间和挥笔泼墨的余地。对一首诗的不同解读和翻译会涉及译者本人和译者所处时代等多种社会和文化因素。中国文学十分强调诗歌形式，西方现当代文论也十分重视形式。俄国形式主义的"陌生化"就特别强调形式的重要性。形式主义学派认为，诗歌是用词语塑造的，而不是由"诗的"题材构成的（霍克斯，1987）。

---

16 Cranmer-Byng 的译文是："Shorn by the frost with crystal blade / The dry leaves, scattered, fall at last; / Among the valleys of Wu Chan, / Cold winds of death go wailing past. / Tumultuous waves of the great river rise / And seem to storm the skies; / While snow-bright peak and prairie mist combine, / And greyness softens the harsh mountain line./ Chrysanthemums unfurl today, / Tomorrow the last flowers are blown. / I am the barque that chains delay: / My homeward thoughts must sail alone. / From house to house warm winter robes are spread, / And through the pine—woods red / Floats up the sound of the washerman's bat who plies / His hurried task ere the brief noon wanes and dies."（参见吕叔湘，2002：121）。

不过，以为"形"是诗歌唯一重要的因素，就误解了形式主义批评家的意图。托多洛夫（1990：3）引述了雅柯布森的一段话："诗不过是一种旨在表达的陈述……如果说造型艺术是具独立价值的视觉表现材料的形式显现、音乐是具独立价值的音响材料的形式显现、舞蹈是具独立价值的动作材料的形式显现，那么，诗便是具独立价值的词、独立的词的形式显现。"身为俄国形式主义代表人物的雅柯布森，并没有片面强调诗歌的"独立的词的形式"，而是将"具独立价值的词"放在首位。这一点对我们分析中国的古诗很有启发。我们下面要引入的另一首《秋兴》译诗，就属于这种情况：

译文c：

Gems of dew wilt and wound the maple trees in the wood:

From Wu mountains, from Wu gorges, the air blows desolate.

The waves between the river banks merge in the seething sky,

Clouds in the wind above the passes touch their shadows on the ground.

Clustered chrysanthemums have opened twice, in tears of other days:

The forlorn boat, once and for all, tethers my homeward thoughts.

In the houses quilted clothes speed scissors and ruler.

The washing blocks pound, faster each evening, in Pai Ti high on the hill. （Graham，1965）

与译文a、译文b相比，译文c的形式不够齐整。此外，押韵也没有译文a、译文 b 那样工整，诗句中还出现了八个逗号，给人错乱的印象。然而，细读该诗就会发现，这首译诗的"独立的词的形式"在译文中虽未得到最好的处理，但"具独立价值的词"在译文中却得到了最完美的体现，诗歌的意象也在译文中形象地得到保留。

第一句，"玉露"在译文 a 中处理成 the Autumn's pearling dew，"凋伤"（decay）放在句末（the maple woods decay），与下一句的 sway 押韵。这一译文歪曲了原意，回译就是"在秋日玉露前枫树在凋零"，与原意不符；译文 b 显然是直译，the pearly dews（玉露）后紧接着是 depress and wilt，分别指"凋""伤"，其宾语是 maple woods，理解和表达相对到位，但诗味未出来。"玉露"又如何会"凋伤"枫树林？枫树林是自己"凋伤"还是因为玉露的摧残？唯有译文 c 可以给读者完整的回答，在 gems of dew 这个短语中，gems 一词可以有两种词义与本诗产生关联：宝石、稀有的东西。将两种解释合并，我们又可以提炼出"玉露"的本质特征：珍贵、晶莹、精巧、坚韧。钻石般的露珠具有切割、摧残的功能。这个词组可以与后面的"凋伤"产生内在的联想。所以，比较三种译文可以发现，译文 a 理解不到位；译文 b 形式上契合原文，诗味只译出一半；而译文 c 通过一个巧妙的短语组合，将原诗意蕴表现得淋漓尽致。

第二句，译文 a 充分发挥了译者的主观性，将"巫山巫峡"译成 Magic Hill and Wizard Gorge，给读者带来无限的浪漫主义想象，但并不忠实，因为没有顾及作者以及社会、历史和地理的语境。译文 b 将"巫山巫峡"译成 Wu Cliffs and Gorge，基本上可以接受，但与译文 c 的 from Wu mountains, from Wu gorges 相比，后者用 mountains 译"山"，并用复数，比译文 b 多了一种连绵、宏大的气势。译文 c 用 the air blows desolate 来译"气萧森"，与前文的意境吻合；译文 b 用 in a haze of woes 虽然动感不够，但更加接近原文。两句译文都能与杜甫诗《登高》（1979）中的"风急天高猿啸哀"产生共鸣，产生互文指涉。

第五、六句"丛菊两开他日泪，孤舟一系故园心"，语言多义，有糅杂手法，可以产生多种联想和理解。这一特色在翻译中表现无遗。译文 a，"The asters twice have opened a fresh year's tears to view. The lone boat once tied up acquires old longings ever new." 用 asters 译"丛菊"不妥。第一，aster 与杜甫诗中的"丛菊"

不是同一种植物[17]；第二，aster不是一个常用词[18]，不能唤起咏物之感叹。用a fresh year's tears to view译"他日泪"是一种理解，两度丛菊花开如两度秋叶飘零一样，能够唤起漂泊者的思乡之情。第六句译文可以理解为"自从孤舟系下后，思乡之情从未中断过"。译文b "I'll weep for having twice seen asters bloom and die, The lonely boat yet anchors my heart that'll home fly."译文b的前面四句，都是不错的。可到了第五、六句，出现了比较明显的问题。译者自作主张，用I和my heart把诗句做了简单化的处理。两句诗变得十分平白，可以回译为"我将为两次看到菊花开谢而流泪，孤独的小舟泊住我归家的心"。再来看译文c对这两句的处理："Clustered chrysanthemums have opened twice，in tears of other days：The forlorn boat，once and for all，tethers my homeward thoughts."译文c基本上采取了直译，不用aster而用chrysanthemums，符合中国文化的特色，比较好地表达了诗人的思乡之情。"他日泪"译成in tears of other days，是丛菊的泪还是诗人的泪？译者依然给读者留下了想象的空间。第六句，"孤舟"的"孤"字没有用lone或者lonely，而是译成forlorn。该词在英文中有两种含义：一种是表示"被抛弃的、荒废的"；另一种是表示"绝望的"。读者需要积极去思考，究竟是"被抛弃的小舟"还是"绝望的小舟"，抑或"被抛弃的绝望之舟"？而tethers my homeward thoughts表示"用绳子系住我的乡愁"。从某种意义上说，译文c从另一个角度来挖掘了原诗的意蕴，与原诗产生了意象互补。一个十分棘手的句子，一个以汉语为母语的人也需要仔细推敲的句子，却在此得到了圆满的诠释。原诗用了一个引喻，没有出现人，却又让读者感受到游子强烈的思乡之情。

中国诗歌借物喻人的特点，连西方学者都感悟到了。法国学者马利坦

17　在 *The Merriam-Webster Dictionary*（《韦氏词典》）中，aster 指 various mostly fall-blooming leafy-stemmed composite herbs with daisy like purple, white, pink or yellow flower heads；在梁实秋（1977）主编的《远东英汉大辞典》中，译成"紫菀"，如果写成Chinese asters，则译成"荆菊"。

18　*Longman Dictionary of Contemporary English*（第三版）收入八万多条单词，但aster没有被收入。

（1991）就说过，东方艺术是西方个人主义的对立物，它不谈及"我"。东方艺术主要朝向群体，主要表达超自然的内容，特别是由自然和事物所暗示出的牺牲的内容。但就显现事物的奥秘这一广泛意义而言，东方艺术也不得不隐约地显现艺术家的创造的主体性，除却它自己。给艺术以生命力的、捕捉并表现事物内在方面的诗性感知越多，它同时涉及的对人的自我的揭示和表现也就越多。马利坦的观点虽然带有神秘主义的色彩，但就具体事物的分析来看，是不无道理的。

4. 结语

互文的表现通常不能以偏概全，而是要通观全篇；只有领略了原文的整体风格，才能更好地在翻译中体现原作的精神。正如我们前面所提到的，在显性互文性中，糅杂最难翻译。为了在译文中体现糅杂所包蕴的丰富意象，译者需要细心品味原文，进行创作性的阅读，在目的语中找出同质的语汇，得体地表现在译文之中。只有这样，诗歌翻译才能做到达而美。

参考文献

- 杜甫.杜甫诗选注[M].萧涤非，选注.上海：上海古籍出版社，1983.
- 霍克斯.结构主义和符号学[M].瞿铁鹏，译.上海：上海译文出版社，1987.
- 李惟建.杜甫诗选[M].成都：四川人民出版社，1985.
- 梁实秋.远东英汉大辞典[M].台北：远东图书公司，1977.
- 鲁迅.汉文学史纲要[M].北京：人民文学出版社，1973.
- 吕叔湘.中诗英译比录[M].北京：中华书局，2002.
- 马利坦.艺术与诗中的创造性直觉[M].刘有元，罗选民，等译.北京：生活·读书·新知三联书店，1991.
- 毛泽东.毛泽东诗词[M].北京：商务印书馆，1976.
- 孙大雨.古诗文英译集[M].上海：上海外语教育出版社，1997.
- 托多洛夫.批评的批评[M].王东亮，王晨阳，译.台北：桂冠图书股份有限公司，1990.
- 吴钧陶.杜甫诗英译一百五十首[M].西安：陕西人民出版社，1985.
- 萧涤非，等.唐诗鉴赏辞典[M].上海：上海辞书出版社，1983.
- 叶嘉莹.杜甫秋兴八首集说[M].上海：上海古籍出版社，1988.
- 郁白.悲秋：古诗论情[M].叶潇，全刚，译.桂林：广西师范大学出版社，2004.
- 朱熹.楚辞集注[M].上海：上海古籍出版社，1979.
- FAIRCLOUGH N. Discourse and social change[M]. Cambridge: Polity Press, 1992.
- FLETCHER, W J B. Gems of Chinese verse, and more gems of Chinese poetry. [M]. New York: Paragon Book Reprint Corp, 1966.
- GRAHAM A. C. Poems of the late T'ang[M]. Baltimore: Penguin Books, 1965.

六 从互文性看《红楼梦》书名
两种英译的得失[19]

1. 引言

互文性一词的创造者是法国后结构主义文论家朱丽叶·克雷斯蒂娃（Julia Kristeva）。她对互文性的理解是，任何文本的构成都是一些引文的拼接，任何文本都是对另一个文本的吸收和转换（Kristeva，1969）。自互文性概念诞生起，罗兰·巴特（Roland Barthes）就是这个概念的热情宣传者和积极阐释者（秦海鹰，2004）。20世纪80年代后，互文性理论被各方学者不断拓展，纳为己用，其发展也渐成体系。正是由于能够黏结社会、历史文本和其他互文本，互文性理论目前在文学、语言学、翻译学、文化传播等领域都得到了比较普遍的运用，至今仍然能不断给我们带来惊喜。

有文本就有互文本，因为在人类的交际和思想的沟通中，文本从来就不是孤立存在的，它总是同其他文本（过去或同时代的文本）发生关系。由于参照点不同，被参照的文本又被称为前文本。前文本指互文符号的出处，互文指涉以此为参照，产生引申义。前文本与后来的文本产生关联使得文本得以激发，从而产生新的意义和意象（罗选民，2006）。复制、剪裁、模仿，甚至体裁、母

---

19 原载《翻译学报》2008年第2期，1—12页，是国家社会科学基金重点项目"中国典籍英译的传播和评价机制研究"（15BYY001）的阶段性成果。

题等都可以成为一种互文的手段。在文本的细读中，我们可以发现许多互文本的痕迹。伟大的作家在创作中经常会有意地运用互文来表现自己的思想、刻画人物形象，下面我们举例来说明这个问题。

> To be, or not to be, that is the bare bodkin
>
> That makes calamity of so long life;
>
> For who would fardels bear, till Birnam Wood do come to Dunsinane.
>
> But that the fear of something after death
>
> Murders the innocent sleep,
>
> Great nature's second course,
>
> And makes us rather sling the arrows of outrageous fortune
>
> Then fly to others that we know not of.
>
> （Twain, 1982）

引文出自马克·吐温的名著《哈克贝利·费恩历险记》第21章。一群江湖骗子自吹是著名演员，在一个沿河小镇上表演剧目，其中有《哈姆雷特》的经典独白。演出之前，有"公爵"教"国王"的一段排练。这段台词不过是一分钟前从"公爵"脑海里倒出来的，实际上由《哈姆雷特》和《麦克白》两个剧本中的相关句子拼凑而成。在"To be, or not to be"之后，"That is the bare bodkin/That makes calamity of so long life"是由哈姆雷特独白的第21行的一个短语加上第13行拼凑而成的。"活下去，还是去寻死；正是这把出鞘的短剑，造成了生命的无穷灾难"，尽管是拼凑的句子，但这种跳跃式拼凑并不影响读者知道这是来自哈姆雷特的声音。在哈姆雷特的独白中，丹麦王子的确手握一剑，立在伦敦大剧院前的雕塑就是这个造型。但这把剑也可以理解为麦克白弑君之剑，因为接下来的描述就切换到了《麦克白》的剧本场景。而"till Bernam Wood do come to Dunsinane"是剧中占卜者的预言，当勃南林森林移动到敦西宁城堡旁时，篡位君王麦克白的死期就来临了。紧接其后的两句对"死"的感悟，不是指向丹麦王子的，而是指向手上沾满鲜血的麦克白。弑君篡位，让他陷入极度的恐惧，变成了重度失眠症患者。引文最后两句适用于两者，拼凑都能做到收放自如，这正是马克·吐温的高明之处。笔者将这段台词翻译成中文，供读者在寻找互文脉络的同时欣赏马克·吐温式的幽默及其互文效应。

> 活下去，还是去寻死；正是这把出鞘的短剑，
>
> 造成了生命的无穷灾难；
>
> 谁甘心肩负重担，直挑到勃南森林真移动到敦
> 西宁，
>
> 但担心死后遭罪的恐惧，
>
> 扼杀了清白无辜的睡眠；
>
> 伟大天性的第二条法则，
>
> 使得我们宁愿忍受残酷命运的煎熬，
>
> 也不愿逃向那未知的地府寻求解脱。

在这段台词中，原作的主旋律已经荡然无存，人生的困惑、生存意义等全然不是这些"国王"和"公爵"所思考、所能够思考的问题。马克·吐温把"国王"和"公爵"的光环用在这一群龌龊的骗子头上，产生了一种强烈反讽的效果，互文本的力量也因此而得到彰显。伟大、尊严、肃穆的独白在这儿变得满是诙谐、挑逗、打趣。当然，读者在阅读时不会回到莎翁的剧本去，而是停留在马克·吐温的作品里，享受由互文带来的乐趣，被这些光怪陆离的剪裁、拼凑、复制弄得哈哈大笑，甚至迸出眼泪。在此，互文性的指向是现在，不是过去。

任何作品都浸润在其民族的文学、历史、哲学、宗教、传统、习俗、传说等构成的文化体系之中，同时又与世界上别的民族文化有着相互影响、借鉴、交融等千丝万缕的联系，总会跟前人或同时代人的思想或话语发生直接或间接的文字的因缘（杨衍松，1994）。所以，一个文本不仅打上了前文本的烙印，

而且从某种意义上说，是由前文本引发、点化而演变来的。如果我们不能通过文本的所指去进一步挖掘和描写文本背后的动机，就不能对一个文本进行客观评价，对一部经典来说更是如此。接下来，我们将用互文性方法来分析《红楼梦》的几种英译版本的得失。

2.《红楼梦》英译版本分析

《红楼梦》的英译本有很多，译名也不尽相同，诸如 *Dream of the Red Chamber*（王际真译），*A Dream of Red Mansions*（杨宪益、戴乃迭译），*The Story of the Stone*（霍克斯、闵福德译）等。在《红楼梦》众多译本中，杨宪益与戴乃迭的译本及霍克斯与闵福德的译本为全译本，且最具权威性，简称杨译（本）、霍译（本）。讨论《红楼梦》书名英译的文章很多，但集中讨论两个译本译名得失的文章并不多。故本文取这两个译本为研究对象，从互文性角度对两部译著的译名进行探讨，分析《红楼梦》两个译名的得失。

黄龙（1993）最早对《红楼梦》书名的翻译进行了探讨。他的文章于1986年发表在《中国翻译》上，篇幅短小。黄龙并未探讨"红楼梦"与"石头记"之高下，主要讨论如何将"红楼"译得更好。他后来撰文梳理了"红楼"在古诗文中的涵义，强调"红楼"应作"闺阁"解，还列举了外文译本中书名的译法，并简略点评。最后，他提出"red-chamber dream"的译法更接近原文。

1998年，上海外国语大学与香港中文大学合办了国际翻译理论研讨会，笔者在会上做了《从互文性看〈红楼梦〉书名的两种英译》的学术报告，从文化接受的角度提出，在翻译中，文化层面上的互文性应优先于语言层面的互文性。比较作者、译者与读者，读者应摆在首要位置。因此，霍译的译名更好，更易于传播（罗选民，2000）。此文后来收录在会议论文集中。

陈国华（2000）从版本学的角度出发，考证了《红楼梦》的版本和书名问题，提出应当遵循版本学原则，恢复小说的本名《石头记》，以《石头记，又名红楼梦》为小说定本的书名。他对《石头记》和《红楼梦》这两个书名的译法进行了探讨，认为二者各有千秋，"红楼梦"的全部意思无法准确地翻译成英文。

就两个英译版本讨论的还有王纪红、戚健、肖烨和刘正刚、朱耕等人。王纪红（2006）从文化和读者反应理论的角度，就《红楼梦》两个全英译本的书名进行了对比研究，提出杨译和霍译译名的选择绝非偶然使之，而是译者的目的不同，认为杨译和霍译各有所长。戚健（2009）支持杨译，从文化意象的可译性限度入手，认为就《红楼梦》书名的翻译而言，从文化交流的角度以及文化全球化的趋势来看，保留"红楼"意象的直译法更为可取。肖烨、刘正刚（2009）同样从目的论入手，分析了杨译和霍译不同译法的原因，认为从西方读者接受的角度来看，霍译以其文字优美、语言地道更受青睐，而从传播中国传统文化的角度来看，则是杨译略胜一筹。朱耕分别发表了两篇文章，《互文性理论视角下〈红楼梦〉书名涵义及其英译解读》一文从互文性入手讨论，有相当一部分重复罗选民的文章内容，认为杨译和霍译都体现了互文性，都为中国文化的传播做出了巨大的贡献，但并未提出优劣之分（朱耕，2012b）。朱耕的另一篇论文《从〈红楼梦〉书名的英译看民族文化的传承——兼论〈红楼梦〉书名的含义》运用目的论进行分析，他认为，两种译本由于翻译目的不同，采用了不同的翻译策略，杨译采用了异化策略，而霍译采用了归化策略，提出异化策略在传承民族文化方面可能更为有效（朱耕，2012a）。霍译使用归化策略的帽子是被硬扣上去的，其实，出现差异的原因是两个译本用了小说的不同版本，而不是译法不同。

陈国华（2000）建议遵循版本学的原则，以《石头记，又名红楼梦》为小说的定名，这是以前没有人讨论过的。就译法而言，他认为二者各有千秋，他下结论的依据就是版本学。虽然王纪红也认为两个译本的译名各有千秋，但陈国华的观点有更深层次的考虑。其他学者均从目的论、文化传播、文化异化、文化归化等角度一边倒地认为杨译的译名更好、更有效、略胜一筹。然而，在西方学者和读者中，对霍译的好评几乎是一边倒的，是该译本让西方读者领略和欣赏了中国文学的不朽之作。

陈国华（2000）也对霍译与杨译做了比较扎实的版本研究，但仍存在可商榷之处。以《石头记，又名红楼梦》为小说定本的书名有一个问题，红学界尚且没有充足证据证明《红楼梦》的本名就是《石头记》，就连脂本系统也有本子，叫《红楼梦》的。陈国华还用几位友人的翻译来佐证霍译因为翻译不好"红楼梦"才选择"石头记"，这个结论似乎失之于简。

《红楼梦》全书一百二十回，前八十回最初以传抄的形式流传，多题名为《石头记》，因其上有脂砚斋、畸笏叟等人的评语，故称为脂本，属于脂本系统的本子已经发现的有十多种。后四十回一般认为是高鹗所补，1791年，程伟元和高鹗将前八十回和后四十回合并排印，取书名为《红楼梦》，后称程甲本，二人于次年修订的版本称为程乙本。从此之后，《红楼梦》结束了手抄时代，得到了广泛传播。除了版本问题，在红学界一直众说纷纭的还有《红楼梦》的多种书名问题。甲戌本《红楼梦》第一回中提到了五个书名：《石头记》《情僧录》《风月宝鉴》《金陵十二钗》和《红楼梦》（曹雪芹，1985）。但是，在可以证明传世的《红楼梦》抄本中，只有两个名字能够坐实，即《石头记》与《红楼梦》，且在程版之前，几乎都是用《石头记》（张昊苏，2017）。

霍译主要以程乙本为底本，同时参考了一些其他的版本，参校较多的依次是《兰墅阅乾隆抄本百廿回红楼梦稿》（52次）、《脂砚斋重评石头记》（庚辰本）（50次）、《红楼梦八十回校本》（35次）、《国初钞本原本红楼梦》（29次）和《百廿回红楼梦稿》（胡天猎藏本）（13次）（王丽耘、胡燕琴，2017），霍译于1973—1986年间分五卷由英国伦敦企鹅出版社（Penguin Books）陆续出版。

杨宪益和戴乃迭在其译本第一册卷首说明，前八十回以戚蓼生序本（即有正书局于1912年石印的戚蓼生序本，又称有正本）为底本，后四十回以人民文学出版社于1974年印刷的程乙本为底本（Yang & Yang, 1978），于1978年由北京外文出版社出版。译本出版之后学界出现了对其底本问题的质疑，认为前八十回参照的是庚辰本，后四十回参照的是程甲本，此处暂且按下不表，因为不管参照了哪个底本，杨译前八十回主要参考了脂本系统，后四十回主要参考了程高本是毋庸置疑的。

杨译虽然同时参考了脂本系统和程高本，但选择的书名却是程高本之后更加通行的《红楼梦》，将其译成 *A Dream of Red Mansions*，没有跳出"红楼"的圈子，和前人所译的"red chamber"相去不远，倒也还显得理所应当。真正值得注意的是霍译的译名，霍译的底本主要是程乙本（间或根据抄本，甚至有他自己的改动），本来应该取《红楼梦》，但霍译却另辟蹊径，将书名译成 *The Story of the Stone*。一部作品译名的翻译，可以非常灵活，但这个灵活必须服从一个文化语境，其诠释要体现书名背后的互文动机。这一点非常重要。中文《红楼梦》的两个版本，在译名问题上出现译者的不同选择，值得我们深思。

3.《红楼梦》两种书名翻译的互文分析

事实上，杨宪益和戴乃迭、霍克斯和闵福德都是十分优秀的学者和译者，后者虽为外国人，却是汉学家，谙熟中国文化，不存在语言层面的转换问题。所以，实际上是文化层面上的转换结果导致书名的不同翻译。在涉及一个民族的传统文化（包括属于修辞范畴的比喻、典故等）时，怎样才能如实地传译原作，又能使读者易于接受，是一个很值得探讨的问题（刘士聪、谷启楠，1997）。通过分析可以发现，两组译者都十分尊重原著，两个译名都体现了互文性，但不同的是，霍译能够在中国文化和西方文化上都具有高度的互文性，体现了一种更深层次的文化思量。

就翻译方法而言，杨与霍都采用了直译法，即"名词词组+介词+名词词组"（NP+Prop+NP），要以此来判断优劣是徒劳的。杨译 *A Dream of Red Mansions*，紧扣书名《红楼梦》，从语言上看，无可厚非。从文化层面上来看，"红楼"在汉语中有着浓郁的文化意蕴，是中国古代文化中的重要意象。它能让人联想到侯门大院。自汉以来，世家大族的住所均重用朱红色，故杜甫有诗句云："朱门酒肉臭，路有冻死骨。"（杜甫，1983）它也常指华美的房子，尤其是旧时富家女子的闺阁。因此，韦庄在《长安春》中写道："长安春色本无主，古来尽属红楼女。"（韦庄，2002）；白居易的《秦中吟》中有"红楼富家女，金缕绣罗襦"（白居易，1988）之句。同时，汉语中也有用"红颜"来代替女子的说法，如"红颜薄命"。更重要的是，"红"在《红楼梦》中实在是随处可见的线索之一：怡红院，千红一窟，红汗巾，红手串，红石榴裙，贾宝玉极爱红，爱吃胭脂等设定贯穿了整部小说。再说到"梦"，纵览全书，整个故事又何尝不是大观园中众红颜在人世间的幻梦一场？美梦的幻灭奠定了《红楼梦》的悲情基调。

翻译是一个信息传递的过程，译作产生在原作的基础之上，其中就涉及互文性问题。A Dream of Red Mansions 不仅符合中国古代文化，而且与曹雪芹的另一书名《金陵十二钗》有着内在的联系，与书中的许多重要情节也有着重要联系。从这一意义上说，杨宪益、戴乃迭的书名翻译也是考虑了互文性因素的。

遗憾的是，"红楼"一词来到英语世界就没有那样的文化意蕴了。在英语中不管是"red mansion"还是"red chamber"，对西方读者而言，除了体积面积不同外，没有什么特别的含义，只是一座"红色的院子""红色的楼房"而已。"红楼梦"可能会被他们理解成在红色房子中做梦，传达的是一种浪漫的情调。这与作者的原意相去甚远，在接受程度上产生了南辕北辙的结果，原书名丰富的文化内涵因此荡然无存。正是因为有这样的忌讳，霍克斯和闵福德在很多情况下就用"绿"代替了"红"，如贾宝玉的"怡红院"成了"Court of Green Delight"（怡绿院），怡红公子则成了"Green Boy"（怡绿公子）。当然，如果译本不是为了让外国读者阅读和欣赏，他们可以不做这样的变通。

霍克斯和闵福德选择的是《石头记》，The Story of the Stone 同样采取了直译法，但获得了头韵（alliteration）的效果。霍克斯和闵福德在动笔翻译之前，反复认真地阅读了《红楼梦》一书，并参阅了大量有关的书籍，力求把原作一字不漏地尽可能忠实地译出来（"My one abiding principle has been to translate everything—even puns."）（Hawks & Minford，1973）。既然要把原作一字不漏地译出来，甚至连双关语都不放过，那么他们选用 The Story of the Stone 一定是经过慎重考虑的，这种翻译能够体现出两位西方学者的文化价值取向和精湛的双语互文指涉。

在跨越中西方的更为广阔的文化背景下，审视两个译本问题，霍克斯和闵福德选取了《石头记》作为原著书名。程版之前大家都采用此书名固然是一个原因，但更重要的是，The Story of the Stone 更易融入西方文化语境，更易为西方读者接受。"石头"文化是中西方所共有的文化现象，是中外文学的共同母题之一。

在远古时期，"石头崇拜"是人类社会共同的现象之一。人类文明最初是刻在石头上的，原始先民住在洞穴之中靠石头遮风挡雨，用石器劳作、战斗等，石头稳定、坚固的特性可以给他们带来安全感。同时，山崩、泥石流等自然灾害又让他们领教了石头极大的破坏力。因此，一种又敬又畏的情绪逐渐转化成了"石头崇拜"，具体可表现为对石头的生殖崇拜，将石头看作保护神。这种"石头崇拜"现象散见于世界各民族的神话之中。

在中国文学史上，石头的故事从远古时期起就一脉相承。例如，精卫以石填海的故事从古至今妇孺皆知。《山海经·北山经》中有记载："有鸟焉，其状如乌。文首、白喙、赤足，名曰精卫，其鸣自詨。是炎帝之少女，名曰女娲。女娲游于东海，溺而不返，故为精卫，常衔西山之木石以堙于东海。"（郭璞，2015）晋代左思在《吴都赋》中提到"精卫衔石而遇徼"（左思，2011）。唐朝岑参、北宋王安石、清初顾炎武等均有古诗《精卫》。自这个故事广为人知以来，以石头为素材的文学作品数不胜数。

中国古典小说四大名著都有浓厚的中国传统神话色彩，其中三部与石头有深厚的渊源，它们分别是《水浒传》（*Water Margin*）、《西游记》（*Journey to the West*）以及《红楼梦》（*The Story of the Stone*）。

在《水浒传》（施耐庵、罗贯中，2000）中，一块石碑为轰轰烈烈的梁山故事拉开了序幕。此石碑是用来镇锁一百零八个魔君的，上凿龙章凤篆天符。书中有诗说："千古幽扃一旦开，天罡地煞出泉台"。在《水浒传》第七十一回"忠义堂石碣受天文，梁山泊英雄排座次"中，上天降下一块石碑，上书天罡地煞星宿一百零八将的名字，文中云："众皆恳求上苍，务要拜求报应。是夜三更时候，只听得天上一声响，如裂帛相似，正是西北乾方天门上。……那地下掘不到三尺深浅，只见一个石碣，正面两侧各有天书文字……前面有天书三十六行，皆是天罡星；背后也有天书七十二行，皆是地煞星，下面注着众义士的姓名。"这块碑石在小说中有极为深刻的含义。

在《西游记》中，美猴王孙悟空由一块顽石而生，这块仙石在花果山上，"有三丈六尺五寸高，有二丈四尺围圆。……盖自开辟以来，每受天真地秀，日精月华，感之既久，遂有灵通之意，内育仙胞。一日迸裂，产一石卵，似圆球样大。因见风，化作一个石猴，五官俱备，四肢皆全"（吴承恩，2002）。这种生于石胎的设定与夏启的神话故事高度暗合。即便今日，这种石胎素材依然会出现在小说和电影里。在2015年出品的电影《万万没有想到》（西游篇）中，主人公王大锤遇上唐僧师徒四人，也续上了他们的第八十二难。最后他在孙悟空的助力下，回归到石牛原形，为拯救宇宙而与妖孽激斗并同归于尽。不同的是，石猴入世因吸取了人间万物之精华，而石牛出世因彻悟了人间真善美之大道。

而石头与主题《红楼梦》的渊源就更深了，我们可从女娲补天的神话、佛教的影响以及主人公曹雪芹的情况这三个方面看出来。

第一，《红楼梦》直接言明了其故事与女娲补天神话的联系："原来是女娲氏炼石补天之时，于大荒山无稽崖炼成高经十二丈，方经二十四丈顽石三万六千五百零一块。娲皇氏只用了三万六千五百块，只单单剩了一块未用，便弃在此山青埂峰下。谁知此石自经锻炼之后，灵性已通，因见众石俱得补天，独自己无材不堪入选，遂自怨自叹，日夜悲号惭愧。"（曹雪芹，2008）这块石头被一僧一道带入凡间，后来，有个求仙访道的空空道人在青埂峰上发现一块大石，上述其投胎之处与亲自经历的一段陈迹故事，由此拉开了《红楼梦》故事的序幕。可以看出，《红楼梦》直接取材于女娲补天的传说。远古时代单单剩余的那一块石头度过了万年孤寂，曹雪芹为它续写了一个结局，以贾宝玉为《红楼梦》的绝对主角，整个故事其实就是一块石头的传记，讲述了贾宝玉的前世今生。作者从神话中取材，给读者穿越之感，这是小说成功的重要因素之一。

第二，《红楼梦》讲述了贾宝玉从一块顽石发展到人间宝玉，再到"归彼大荒"的"形质归一"，受到了佛教"三生三世"观念的影响。佛家极其看重石头，许多僧人白天在石洞中面壁参禅，晚上则枕石而眠。唐代诗僧寒山极爱石，他遁入空门后过着"卧岩龛，石枕脑"的生活（任中敏，2014）。佛法主张"一切众生皆成佛道"，因此"青青翠竹，尽是法身。郁郁黄花，无非般若"（张岂之，2012），可谓"一花一世界，一叶一菩提"。既然这样，石头也就具有佛性了。佛家主张把佛经刻于石上，大多数佛像也依崖石雕琢，除了因其坚固而便于流传之外，更重要的是因为石有佛性的参悟。而贾宝玉曾在书中对林黛玉说要出家当和尚去，不想一语成谶，结果真随了一僧一道出家去了。这又让人联想到唐代著名的"石头和尚"，法名希迁的禅师。他在石上结庵而居，故被称为"石头和尚"。整部《红楼梦》小说与佛法、石头都有着千丝万缕的联系。

第三，曹雪芹个人的生活经历和志趣也与石头颇有渊源。曹雪芹本人极爱石，正如其《自题画石诗》所言："爱此一拳石，玲珑出自然。溯源应太古，堕世又何年！有志归完璞，无才去补天。"（徐州师范学院中文系，1975：59）曹雪芹不仅画石头，还为石头写了一出千古绝唱。曹雪芹经历了跌宕起伏的一生，从锦衣玉食到举家食粥，饱尝了世间辛酸。如果有什么能形容他的坚韧，那就非石头莫属了。他就像一块顽石一样，经历切割琢磨的过程，最终成就了文学史上的"宝玉"。正如爱新觉罗·敦敏在《题芹圃画石》一诗中说的："傲骨如君世已奇，嶙峋更见此支离。醉余奋扫如椽笔，写出胸中磈礌时。"（徐州师范学院中文系，1975：29）可见，石头是一种中国文化的积淀，与其相关的互文现象比比皆是。

在西方，石头也有着丰富的文化内涵。在希腊神话中，天神用洪水灭绝了堕落的人类，于是大地之母盖亚指点幸存的丢卡利翁和他的妻子皮拉，将石头抛在了身后的大地上。丢卡利翁抛出去的石头变成男人，而皮卡扔出的则成为女人。这种石头化人的情节同样体现出西方人对石头的崇拜。此外，石头还扮演着其他重要角色。例如，在《圣经》（2010）中，雅各枕石而眠，梦见耶和华，醒后立此石为记，用油烧祭，并命名该地为伯特利（创世记28）。《圣经》中有多处将耶和华比作磐石，说明石头在人们心中是具有高尚品德和神性的东西。《摩西十诫》也是刻在两块新石板上的（出埃及记24）。约书亚率领百姓过约旦河之后，神吩咐约书亚召唤来12个人，每人取一块石头扛在肩上，立石为记（约书亚记4），成为色列人永远的文化记忆。亚瑟王的石中剑就是从一块巨石中拔出来的。石头还是西方神话中惩罚对手的工具。亚比米勒将耶路巴力众子70人都击杀在一块磐石上（士师记9）。《圣经》中记载的刑罚多用石头。在古希腊的西西弗斯故事中，西西弗斯因为受到神的惩罚不得不推着一块巨石上山，陷入绝望的无限轮回，成为荒诞派小说的文化原型。

石头在西方文学中也有深厚的隐喻意义。英国诗人布莱克（Blake，2002）曾有诗句 "To see a world in a grain of sand/And a heaven in a wild flower"（从一颗细沙看尘世，从一朵小野花观苍穹）。这和佛教禅宗中"一花一世界，一叶一菩提"的境界神似。再如，在哈代笔下，苔丝的结局就是躺在荒野的巨石阵上安睡了一夜，早上醒来，追捕她的人已经赶到。苔丝安睡的石块的原型就是《圣经》中向上帝献祭的石台，而苔丝也在石台上完成了生命的献祭。约翰·斯坦贝克在其长篇小说《烦恼的冬天》一书中也运用了石头的原型。主人公伊桑·霍利家曾经是名门望族，阁楼上珍藏着一块玲珑的石头，那是他家的传家宝，也被他当成护身符。这块石头随着情节的发展贯穿整个故事，当伊桑最终想结束自己的生命时他将这块石头传给了他的女儿。

所以，正是通过"石头崇拜"，中西方文化有了交汇之处。抓住"石头"这个共同之处也就抓住了这部译作的中心思想。将书名译为 The Story of the Stone，符合原著作者的意图性和目的语的可接受性。在翻译的过程中，译者要充分理解原作者的意图性，合理地接受它。如果在理解中产生了隔阂，应努力打破这种隔阂，这是忠实于原文的一个重要标志。充分理解原作者的意图性，可以帮助译者更好地把握作者的创作思想、风格以及写作技巧。如果原作的意图性不能保留，那么，译作就是不忠实的，而且是不可接受的（罗选民，1990）。两本译著在西方的接受度迥然不同，霍译广受欢迎，与其选择以《石头记》为译名不无关系。从文化层面看，书名既扩大了西方读者的联想，又保留了原作的文化意蕴，在选择有限的情况下达到了最大的互文性。由技入艺，实为高明之举。

4. 结语

与影响研究不同，互文性虽维系过去，却指向将来，过去的文本只是在现存的文本中起孵化作用，它们相互指涉，意义发生辐射并无限延异。读者而非作者是文本的中心，对文本的超越更胜于对文本的继承。互文性向作者的权威性发出挑战，一个文本之所以得到引用，不是因为其权威性，而是因为其能为我所用，为我所有（罗选民，2006）。从前面的分析中我们可以发现，霍译和杨译都注意到了翻译的互文性，也努力让互文指涉体现在目的语中。前者从文化角度考虑互文，后者则从语言角度考虑互文。当前者从文化的角度考虑互文时，目标语读者被摆在首要位置；而当后者从语言角度考虑互文时，原文作者被摆在第一位。两个不同的视角和处理方法，造成了两个译本之间的差别。前者把过去与未来连接起来，后者却停留在现在，无法与目标语读者产生积极的互动。

然而，读者的阅读是一种创造性的参与，在阅读过程中，读者和作者（译者）产生了互动，产生了广阔的联想空间，产生了新的互文指涉，从而赋予一部文学作品以新的生命。而译者相对于原作品而言，也是"读者"，负责将自己的审美感受表现在译文中。这一点，是读者期待的，也是原作者乐意见到的。

霍译的译名之所以更好，是因为：从技法上看，译名 *The Story of the Stone* 能产生头韵效果；从文化层面来看，石头的故事不仅有着深厚的中国文化沉淀，而且和西方文化存在源远流长的互文性关系。但"红楼"只具备源语文本的互文性，这一缺陷使得杨译在西方的接受度大打折扣，甚至不堪一提。中国文化要走出去，中国文学作品要走出去，我们需要认真思考目的语受众的接受问题。在具体的翻译中，如果一个书名出现了两种兼具互文性的译名，那我们的评价公式是：文化层面的互文性优先于语言层面的互文性。因为前者具有深厚的文化积淀，能与源语、目的语文本的语境、母体和语义产生紧密关联，所产生的艺术魅力是语言层面的互文性无法匹敌的。这可以成为一个具有普遍意义的评价标准，不论英译汉还是汉译英，都是如此。于是，从互文性角度展开对 *The Story of the Stone* 与 *The Dream of Red Mansion* 的两种书名英译的讨论，读者就有了明确的答案。

参考文献

- 白居易.白居易集笺校（一）[M].朱金城，笺注.上海：上海古籍出版社，1988.

- 曹雪芹.脂砚斋甲戌抄阅再评石头记[M].上海：上海古籍出版社，1985.

- 曹雪芹，高鹗.红楼梦[M].北京：人民文学出版社，2008.

- 陈国华.《红楼梦》和《石头记》：版本和英译名[J].外语教学与研究，2000（6）：445-449，478.

- 杜甫.杜甫诗选注[M].萧涤非，选注.上海：上海古籍出版社，1983.

- 郭璞，注.山海经[M].上海：上海古籍出版社，2015.

- 黄龙.关于《红楼梦》书名翻译之研究[J].南京师大学报（社会科学版），1993（2）：64-69.

- 李晶.《红楼梦》三种英文全译本底本差异性管窥[J].红楼梦学刊，2017（6）：251-278.

- 刘士聪，谷启楠.论《红楼梦》文化内容的翻译[J].中国翻译，1997（1）：17-20.

- 罗选民.话语层翻译标准初探[J].中国翻译，1990（2）：2-8.

- 罗选民.从互文性看《红楼梦》书名的两种英译[C] // 谢天振.翻译的理论建构与文化透视.上海：上海外语教育出版社，2000：174-179.

- 罗选民.互文性与翻译[D].博士学位论文.香港：香港岭南大学，2006.

- 戚健.从《红楼梦》书名的英译看文化意象的可译性限度[J].湖南工业大学学报（社会科学版），2009（3）：96-98.

- 秦海鹰.互文性理论的缘起与流变[J].外国文学评论，2004（3）：19-30.

- 任中敏.敦煌歌辞总编（上）[M].南京：凤凰出版社，2014.

- 圣经[Z].南京：爱德印刷有限公司，2010.

- 施耐庵，罗贯中.水浒传[M].长春：时代文艺出版社，2000.

- 王纪红.谈《红楼梦》书名的两种英译[J].南京工程学院学报（社会科学版），2006（1）：16-18.

- 王丽耘，胡燕琴.霍克思《红楼梦》英译底本析论[J].国际汉学，2017（3）：88-97，204.

- 韦庄.韦庄集笺注[M].聂安福，笺注.上海：上海古籍出版社，2002.

- 吴承恩.西游记[M].北京：华夏出版社，2002.

- 肖烨，刘正刚.目的决定翻译策略——以《红楼梦》书名英译为例[J].文教资料，2009（15）：50-51.

- 徐州师范学院中文系.有关曹雪芹诗二十首译注[Z].徐州：徐州

师范学院中文系，1975.

- 杨衍松. 互文性与翻译 [J]. 中国翻译，1994（4）：10-13.

- 张昊苏.《红楼梦》书名异称考 [J]. 文学与文化，2017（3）：63-71.

- 张岂之. 中国思想史 [M]. 西安：西北大学出版社，2012.

- 朱耕. 从《红楼梦》书名的英译看民族文化的传承——兼论《红楼梦》书名的含义 [J]. 时代文学，2012a（2/上半月）：129-130.

- 朱耕. 互文性理论视角下《红楼梦》书名涵义及其英译解读 [J]. 东北师大学报（哲学社会科学版），2012b（3）：107-110.

- 左思. 左太冲吴都赋 [M] // 萧统，编. 李善，注. 文选：第一册. 上海：上海古籍出版社，2011：201-260.

- BLAKE W. Collected poems [M]. London: Routledge, 2002.

- CHI-CHEN W. Dream of the red chamber [M]. New York: Twayne Publishers, 1958.

- FAIRCLOUGH N. Discourse and social change [M]. Cambridge: Polity Press, 1992.

- HARDY T. Tess of the d'Urbervilles [M]. New York: Barnes & Noble, Inc., 2005.

- HAWKES D, MINFORD J. The story of the stone [M]. London: Penguin Books Ltd., 1973.

- KRISTEVA J. Semeiotikè: Recherches pour une sémanalyse[M]. Paris: Éditions du Seuil, 1969.

- STEINBECK J. The winter of our discontent [M]. New York: Penguin Group (USA) Inc., 2008.

- TWAIN M. Mark Twain: Selected works [M]. New York: Random House Value Publishing, Inc., 1982.

- YANY X Y, YANG G. A dream of red mansions [M]. Beijing: Foreign Languages Press, 1978.

七　耶鲁解构学派互文性
研究给翻译的启示[20]

1. 引言

库兹韦尔（1988）指出：在任何时候，每一个事物都涉及其他的任何事物，所有的思想、联想和传统都可以合法地变成一个文本的一部分，每一个文本都可以通过新的阅读而发生别的联想，各种文本都是相互联系的。这里提到的阅读是互文性阅读，它对传统文本的固有秩序进行了颠覆和消解，其策略与解构主义思想是一致的。关于互文性阅读，从哲学到文学理论，法国学派已做了详尽的介绍和评价，而耶鲁解构学派[21]关于互文性的研究尽管有其自身的特点，在文学批评方面具有举足轻重的地位，但在中外学术著作中，只有零零散散的介绍，缺少集中的讨论。因此，本文将着重探讨德里达、德曼、布伦[22]、米勒等人的互文性研究及其对翻译的启示。

20　原载《外国文学研究》2012年第5期，150—157页。

21　耶鲁解构学派又被称为"耶鲁学派"或"耶鲁四人帮"，通常指德曼、布伦、哈特曼和米勒。但哈特曼在与笔者的一次访谈中认为，德里达也应该是耶鲁解构学派中的一员（参见罗选民、杨小滨，1998）。

22　Harold Bloom，耶鲁解构学派代表人物之一，也有学者将Bloom音译为布鲁姆，布伦应是更为准确的音译。

2. 延异：从哲学到文学批评

德里达是法国学者，但他与耶鲁的四位解构主义批评家保持密切的学术往来。哈特曼硬是公然宣称耶鲁解构学派还要加上一人——德里达，认为他是不可分离的一份子。因此，在讨论耶鲁解构学派的互文性研究时，我们将德里达纳入进来。

德里达（2001）是从哲学和文字书写学的角度来展开其互文性研究的。他提出的一个重要术语是延异（différance）。他把延异视为一种解构策略和书写活动，以此来颠覆西方根深蒂固的逻各斯中心主义。他从索绪尔的结构主义语言学中得到启示：既然符号是任意性的，那么这个符号系统就不是固定的对应系统，符号内部既然不存在统一性，也就不存在中心。于是，文字的本质就是延异，而且这一过程将无休止地进行下去，其结果是文字符号的能指的无限互异使得每一种话语都变成能指的交织物。比如，在陶渊明的诗歌"采菊东篱下，悠然见南山"中，"菊"和"东篱"被用来指涉远离尘世与品德高尚。郑板桥在《画菊与某官留别》中写的"吾家颇有东篱菊，归去秋风耐岁寒"，表现的就是这样一种意境。由于指涉可以延异，"东篱"与"菊"仅用其一，便可以表达不与俗世同流合污的意境。如柳永（转引自唐圭璋，2005）有"西风吹帽，东篱携酒，共结欢游"。蒲松龄（2004）有"今作是论，则以东篱为市井，有辱黄花矣"。上述情形在西方的文学作品中亦不少见。莎士比亚的剧本《麦克白》中有诗句"And all of our yesterdays have lighted fools/The way to dusty death. Out, out, brief candle"，表达人生之短暂。弗罗斯特略去brief candle这一短语，取out，以out作为诗歌标题，表达生命之短暂（Gottesman et al.，1979）。德里达（2001）认为，某种符号一出现，就开始自我重复。没有这一点它就不可能成为符号，它就不会是其所是，即有规律地返回同一的那种非自我认同。德里达就这样改变了传统的结构主义中能指与所指之间的纵向关系模式，能指不再反映意义和约束意义，不再与它们自身以外的实物产生关联，而是指向其他的能指。这是一种在横向关系中产生意义的过程。当然，对延异的解读不应停留在词和概念的层面上，它是一种富有意味的书写活动。它从某种意义上颠覆了西方逻各斯中心主义，颠覆了逻各斯的语音中心论。符号具有可重复性，书写从此不再是语音的从属物，不再被看作消极和负面的。

与延异相关的另外两个重要术语是踪迹（trace）和补充（complément）。踪迹意指文本活动的最小单位，它是不可还原的。它应该被认为是先于本质的，具有一种自我隐藏性。符号相互之间的活动是永无止境的，在差异的运动中，由于时间上的间隔，事物及其他因素都不会完整地得到体现，它们受到其他因素的牵制和渗透，也牵涉和渗透到其他事物和因素中，因此表现出一种互相补充交织的过程（张沛，1991）。这里提到的补充是符号延异过程的需要，是构成德里达书写理论的重要因素。当然，德里达也专门撰文探讨了翻译问题，德曼亦是如此，从某种意义上说，他们的理论都受到本雅明的影响。在《译者的任务》中，本雅明指出，复制意义不是译者的任务，译者应该利用语言之间的差异进行解构与重构，把原文无法表达之意在目的语中以新的表达形式体现出来（Benjamin，1969）。关于德里达的论述，卡勒的《论解构主义：结构主义后的理论与实践》（Culler，1989）一书亦有精彩描述。

德理达关于延异、踪迹、补充的理论对从哲学角度讨论互文性具有一定的帮助。他的理论颠覆了传统翻译理论的"对等""忠实"等信条，对革新翻译观念和发挥翻译主体性产生了积极的作用。但需要提醒的是，对于翻译研究来说，其理论过于诡秘、虚玄、复杂，不能简单地、"依样画葫芦"地接受，要吸收其合理的内核，适度地转化，这样才能有利于跨学科的移植。

3. 修辞的互文性策略

过去学者们探讨西方的互文性研究时，常常忽略了德曼，尽管他曾是耶鲁解构学派的领军人物。这一事实可以从下述现象中看到：国际上仅有的几本有关互文性的英文及法文专著都没有提到他[23]，倒是我国学者黄念然在评述互文性理论时，专门用了一段文字来讨论德曼的互文性策略。保罗·德曼的修辞学阅读理论认为，修辞性是语言的根本特征，语言从产生时起就具有虚构性、欺骗性和不可靠性。文学文本的语言因这种修辞性而使其语法与修辞、字面义与比喻义、隐喻与换喻等永远处于一种自我解构的运动之中。这实际上是通过语言修辞彻底消解了文学与非文学、小说语言与推论语言之间的界限，使得一切文本因语言的修辞性而呈现出互文性特征（黄念然，1999）。

德里达是少数几位没有忘记德曼对互文性研究的贡献的西方学者。他对德曼的深刻认识可以在《多义的记忆——为保罗德曼而作》（*Mémoires：Pour Paul de Man*）一书中得到见证。这是一本他为纪念德曼而撰写的专著。德里达（1999）视德曼为良师益友，认为德曼使文学理论领域接受一种新的解释、阅读和教学方式，同时又使其接受多方对话（polylogue）和精通多种语言的必要性。德里达（1999：127）进而在另一章中说道："那我们就来看看保罗·德曼的语言，他的'解构'风格。他的语言、他的'解构'风格既不是海德格尔的，也不是奥斯汀的，即便他同时发扬了这两种传统，尤其是使它们移位、交叉和偏离。"此处提到的交叉、移位无疑是互文性的表征，涉及新的阅读范式与策略。

对德曼而言，阅读所涉及的，不是解释方法的选择。相反地，读者发现他们的洞见一再遭到消解：细读带出了矛盾，有程序的逻辑不断被破坏，结果阅读过程没有展示出哪一种理解方式最为可取，只是让读者陷入一个困境或死胡同（aporia）（陈德鸿、张南峰，2000）。互文性阅读似乎是走出这个死胡同的必经之路。德曼更多地看到修辞性阅读的不稳定性和破坏性，意识到把能指的物质属性与所指的物质属性混淆起来这一问题的严重性。修辞性阅读瓦解了文

---

23 西方几本与互文性有关的专著在谈到德曼时轻描淡写，甚至完全忽略。在沃通和斯蒂尔的《互文性》一书中，德曼的名字只在几个注解中被提及；Plett主编《互文性》一书，作者索引没有德曼的词条；N. Piegay-Gros法文本《互文性入门》有亚里士多德、巴赫金，但没有德曼。蒂费纳·萨莫瓦约的《互文性研究》也没有提到德曼。

学作品既定的经典意义，拓展了文本间的相互联系。应该说德曼与德里达一道，对发展互文性理论起了十分重要的作用。

德曼的互文性观点在其《论本雅明的"译者的任务"》一文中表现得更加清晰。德曼通过本雅明为什么不谈作者和读者，而偏偏要谈译者来引出他对意义建构的认识：意义被消解了，而译者却被迫去寻找不可再现的原文中的意义，这是一个无法完成的任务。翻译与哲学相似，两者都兼有批判性质。翻译是语言内部的事情，不像是来自原文，它跟原文的关系就好像原文跟语言之间的关系，而且原文在其中支离破碎。原文始终处于运动状态，它漫游、漂泊，甚至可以称得上是被永久地流放，此流放没有归家的路，也没有流放的起点。文学作品是纯语言的碎片，翻译则是碎片再折射出来的碎片。这种折射是无穷的，不存在起点。可以将每次折射视为原作后起的生命。所以，翻译要的是语言翻译语言，而不是翻译出语言之外的意义来，并将其复制、诠释和模拟。翻译的作用就是固定原文的形态，显示不曾为人注意却存在于原文中的力量与不稳定性，只有这样的翻译才能成为典范（De Man，1986）。

4. 解读与互指性

另一位耶鲁解构学派大师布伦则比德曼幸运得多，其有关互文性的论述不断被学术界提及和引用。布伦认为互文性的普遍性和重要性在阅读活动中十分明显。他把这一点运用在写作之中，使之充满了暗示和引用。引文是他写作的主要特征。在他看来，阐释理论是一种抵御影响焦虑的最终形式，每首诗都基于诗人对前辈的误读。他在《诗歌与压抑》一文中鲜明地提出："没有比'常识性'观念更难于除掉的观念了，那种'常识性'观念认为诗歌文本是自足的，它有一种可以确定的意义或者不涉及其他诗歌文本的种种意义。……不幸的是，诗歌不是物品，而只是指涉及其他词语的词语，……如此下去，诗歌处于文学语言的'人口过密的'世界之中。任何一首诗都是一首互指诗（inter-poem），并且对一首诗的任何解读都是一种互指性解读（inter-reading）。"（转引自程锡麟，1996：76）

布伦具有非凡的记忆力和语言感染力，这对做互文性研究是一个得天独厚的条件。哈特曼认为，对布伦来说，解读意味着具有良好的音感和超凡的记忆力——因为一旦具备了这一条件，当一位作家从另一位作家身上吸取了养料，并将其加以改造变形时，他就能很容易地将其辨认出来（罗选民、杨小滨，1998）。其实，有关互文性的分析和建构能力均在布伦的著作中得到了淋漓尽致的表现。他能认真解读莎士比亚作品中的糅杂和借用，在写作中常将典故和拟作化成学术的语言。布伦（Bloom，1975）就这样论说过，诗歌不过是一些词，这些词指涉其他一些词，其他这些词又指向另外一些词，如此类推，直至文学语言那个无比稠密的世界。任何一首诗都是与其他诗歌互文的。诗歌不是创作，而是再创作。在这儿，诗歌不再是创作，它和翻译一样，属于再创作。最重要的是，布伦在这里开宗明义地指出任何诗歌都是互文性的。我们的诗歌阅读是建立在我们对过去诗歌的记忆和理解之上。于是，我们在艾略特的诗歌中发现了但丁、莎士比亚，在李白的诗中发现屈原、崔颢。

尽管每个文本都是对全体文本的吸收和转化，互文性和影响研究存在明显的区别。影响研究重视历史的实证，重视史料和语料的考证，它指向过去，是一种线性结构，强调的是现存文本对过去文本的依赖关系，作者是文本的中心。而互文性虽同样贯通过去，却指向未来；过去的文本只是在现存文本中起孵化作用，它们相互指涉，意义发生辐射并无限延异。这些互文性特点与布伦的影响研究有许多相似之处。这说明，布伦在影响研究方面摈弃了传统的结构主义的做法，另辟蹊径，体现了解构主义阅读的基本特征。

布伦（Bloom，1997）给我们展示了一种截然不同的影响观。布伦的"影响"说是动态的、历史的和颠覆的。这是一个勇敢的行动，它拒绝接受一个全然不同于自我的"上帝"而彻底地无所作为；这是一个胆大的宣言，要与撒旦一样积聚所有的力量与那个全能的上帝进行殊死的斗争。从这个意义上来说，布伦在互文性方面的认识，比克里斯蒂娃更加具有颠覆性的意义。

5. 小说与重复

耶鲁解构学派的米勒关于互文性的论述与其他成员如出一辙，不同的只是角度的差异。德曼立足于修辞性阅读，布伦从阐释来透视影响和焦虑，米勒从小说和重复角度来探讨文学艺术的表现。但不管怎样，他们都关注语言的能指关系、意识的同一性和文本异质性等问题。他们几乎毫无例外地采用了细读法，从作品的言语中去发现、感悟和体验文本建构与互文的交织活动。这一活动不是逻辑的、谐和的、孤立的，相反，它们是非逻辑的、对抗的、跳跃的、大众化的。

米勒认为，文学批评是基于意识之上的意识，是矛盾和差异的。读者和批评家的意识必然反映在阅读和批评活动之中，因此，文学阅读实质上是读者、批评家和作者在意识层面的对话，是对作家意识的再意识。小说文本所具有的这种多重交织决定了意义的多重性、含混性和不确定性。文本由此构成一个交互重叠的网络，每个网络的节点都在相互制约、相互颠覆，小说本身从而成为"由各种相互关联的思想意识交织而成的复杂之图，其中没有一种意识能成为判断另外意识的安全参照点"。米勒的重复观的意义在于他没有一味地合理地接受模仿说，没有摒弃以模仿说为基础的"柏拉图式"重复，而是将其纳入自己的观念范畴，使之成为文本意义产生不确定性的一个重要因素（转引自王凤，2010）。

米勒的这些见解在他论及翻译时亦有体现。在《阅读的伦理》一书中，米勒认为作者的内心都有一个"我必须"的责任感。正是由于这种责任感，才产生了种种的写作活动和文学批评。推而广之，这种责任感产生种种的翻译活动和翻译批评。于是，翻译问题与伦理问题结合起来。米勒（Miller，1987）坚信，翻译能够在不造成重大缺损的情况下自然地进行。由此，他认为理论是可译的，也是不可译的。可译是因为在某种程度上理论涉及的是抽象和普遍的事物；不可译是因为理论永远无法体现源语的本土特征。米勒早就表示，不管理论在新的语言中如何得到仔细和忠实的翻译，某种程度的扭曲总是难免的。在这一点上钱锺书（1985：2–3）就说过："一国文字和另一国文字之间必然有距离，译者的理解和文风跟原作品的内容和形式之间也不会没有距离，而且译者的体会和自己的表达能力之间还时常有距离……因此，译文总有失真和走样的地方，在意义或口吻上违背或不很贴合原文。那就是'讹'，西洋谚语所谓'翻译者即反逆者'（traduttore traditore）。中国古人也说翻译的'翻'等于把绣花纺织品的正面翻过去的'翻'，展开了它的反面……"

6. 耶鲁解构学派对翻译的启示

解构主义的互文阅读颠覆和解构了逻各斯中心，将符号的所指与能指关系由原来的历时（纵向）关系转换为共时（横向）关系，从而打破了文学与非文学、小说语言与推论语言之间的界限，从而启动了文本的阅读，产生了文本的互动、意义的衍生。人们开始对语言的假象表示怀疑，不再为语言的牢笼所囚禁，转而追逐语言符号背后无穷的可能性。可以大胆地断言，解构主义对互文性研究的发展起到了推波助澜的作用。

当然，并不是所有东西方学者都欢迎解构主义。"他的目的并不是要把书写仅仅当成是言谈的衍生物。他捍卫书写的自律性，他争论说，书写既不是先前之言语的反省和固定，也不是言语行为或语言意图的翻译。确切地说，这是个独特的现象，是一种直接记录的结果。"（霍埃，1987：107）也有中国学者质疑道："福柯和德里达解构了文学性的神话，文学越来越被视作话语建构的历史产物，并不存在一个稳定不变的文学本体和凝固不动的文学性。照后现代主义反本质、去中心的多元相对论看来，雅柯布森的经典定义——'文学性即那种使特定作品成为文学作品的东西'——已定不住流动的文学性意涵，文学要么是无须定义的混沌之物，要么就以'文本'——把文字固定下来的任何言语形式——作为它的替代性指称。"（蔡志诚，2005：41）

语言符号的差异性是客观存在的，语言的消解和意义的不确定性实际上是一个古老的课题，在中国先秦时期的著作中也有大量论述。这些论述呈现出一种语言澄明的境界，读者可以从中受惠。葛兆光（1998：294）对孔子、墨子和老子的语言观的特征做了如是概括："如果说，孔子坚持语言的调节性，墨子坚持经验的可信性，那么，老子可能坚持的只是直觉的超验性，他对语言和经验都表示怀疑。"他提到战国时期出土的楚简，特别讨论了不确定性的存在（或）、有确定性的存在（又）、生命的存在（生）、语音（音）、语句（言）、事物（物）之间的相关性，甚至用音非音，无畏（谓）音，言非言，无畏（谓）言，名非名，无畏（谓）名的名辩思路证明，在当时的思想世界中，"语言"与"世界"问题已经是一个很热门的话题了（葛兆光，1998）。

在"天道"篇中，庄子（2004：147）对不确定性的存在有这样精彩的描述："世之所贵道者，书也。书不过语，语有贵也。语之所贵者，意也，意有所随。意之所随者，不可以言传也，而世因贵言传书。世虽贵之哉，犹不足贵也，为其贵非其贵也。故视而可见者，形与色也；听而可闻者，名与声也。悲夫！世人以形色名声为足以得彼之情。夫形色名声，果不足以得彼之情，则知者不言，言者不知，而世岂识之哉？"庄子感叹世人皆看重书，而书并没有超越言语，后者之贵在于其意义，意义的出处，是不可以用言语来传告的。知道的不说，说的不知道，在庄子看来，这是一个普世的道理。所以，庄子嘲笑那些读死书的人："古之人与其不可传也死矣，然则君之所读者，古人之糟粕已夫！"（转引自郭庆藩，1961：457–492）在某种程度上，读死书的人就是陷于语言之牢笼者，不能理解所指因时空而产生的流动和跳跃。"名"对"实"的确定与确认，常常使这种确定性成了强迫的普遍性，仿佛盖棺定论，不容人怀疑，甚至越俎代庖地在人们心中取代事物或现象本身，落入"郑人买履"或"刻舟求剑"的可笑境地（葛兆光，1998）。遗憾的是，名实之辩并没有继续得到发展，而是在荀子极端清醒、极端理智的现实主义之后逐渐退出了中国思想史的舞台。

我们应该从中国纯粹的语言思辨与分析中去寻找中西语言思辨的同和异，在解构主义互文学说中参悟解构和互文的真谛，激发中国学者对元语言的探索和研究，扭转长久以来固有的语言功利主义思想观，即只关注现世，忽略形而上的思考。我们应该追求对等、忠实，但这种对等和忠实不是机械的、呆板的，而是从文化、从艺术效果、从语言形式、从语义的衍生等角度都能够平行参照的系统。

7. 结语

解构主义的方法在某些方面值得我们参考和借鉴，这无可置疑。我们也对其所能起到的积极意义做了阐述。但是，我们也要警惕解构主义学说和思想的滥用，一定要注意文本的解读。文学的价值及意义就在于文学文本的存在，因为有了这些存在，我们才有了从中发现价值和意义的基础，而这种发现所依赖的基本方法就是阅读、感悟与理解，而不是用简单的术语去给文学作品贴标签（聂珍钊，2004）。翻译有其自身的规律，如果置其本质于不顾，抛开语境的制约等因素而滥谈解构主义，就会陷入削足适履的困境。我们要批判性地接受和运用西方理论，取其精华，去其糟粕，这样才能有益于学术的发展。

参考文献

- 蔡志诚. 漂移的边界：从文学性到文本性 [J]. 福建师范大学学报（哲学社会科学版），2005（4）：41-44.

- 陈德鸿，张南峰. 西方翻译理论精选 [M]. 香港：香港城市大学出版社，2000.

- 程锡麟. 互文性理论概述 [J]. 外国文学，1996（1）：72-78.

- 德里达. 多义的记忆——为保罗·德曼而作 [M]. 蒋梓骅，译. 北京：中央编译出版社，1999.

- 德里达. 书写与差异（上、下）[M]. 张宁，译. 北京：生活·读书·新知三联书店，2001.

- 葛兆光. 中国思想史：第一卷　七世纪前中国的知识、思想与信仰世界 [M]. 上海：复旦大学出版社，1998.

- 郭庆藩. 庄子集释 [M]. 北京：中华书局，1961.

- 黄念然. 当代西方文论中的互文性理论 [J]. 外国文学研究，1999（1）：15-21.

- 霍埃. 批评的循环 [M]. 兰金仁，译. 沈阳：辽宁人民出版社，1987.

- 库兹韦尔. 结构主义时代——从莱维－斯特劳斯到福科 [M]. 尹大贻，译. 上海：上海译文出版社，1988.

- 罗选民，杨小滨. 超越批评的批评（下）——杰弗里·哈特曼教授访谈录 [J]. 中国比较文学，1998（1）：105-117.

- 聂珍钊. 剑桥学术传统与研究方法：从利维斯谈起 [J]. 外国文学研究，2004（6）：6-12，164.

- 蒲松龄. 聊斋志异 [M]. 上海：上海古籍出版社，2004.

- 钱锺书. 林纾的翻译 [J]. 中国翻译，1985（11）：2-10.

- 唐圭璋，主编. 全宋词 [M]. 北京：中华书局，2005.

- 王凤. 希利斯·米勒的"重复"观解读 [J]. 重庆邮电大学学报（社会科学版），2010（6）：103.

- 张沛. 德理达解构主义的开拓 [J]. 北京师范大学学报，1991（6）：100-105.

- 庄子. 庄子 [M]. 刘英，刘旭，注释. 北京：中国社会科学出版社，2004.

- BENJAMIN W. The task of translator [M] // BENJAMIN W, ARENDT H(ed.). ZOHN H (trans.). Illuminations: Essays and Reflections. New York: Schochen Books, 1969: 69-82.

- BLOOM H. A map of misreading[M]. New York: Oxford University Press, 1975.

- BLOOM H. The anxiety of influence[M]. New York: Oxford University Press, 1997.

- COHEN W, et al. The Norton Shakespeare[M]. New York: W. W.

Norton and Company，1997.

- CULLER J. On deconstruction: Theory and criticism after structuralism [M]. London: Routledge and Kegan Paul, 1989.

- DE MAN P. Conclusions: Walter Benjamin's *The Task of the Translator* [C] // De MAN P (ed.). The resistance to theory. Minneapolis: University of Minnesota Press, 1986.

- GOTTESMAN R, et al. The Norton anthology of American literature [M]. New York: W. W. Norton and Company, 1979.

- MILLER H. The ethics of reading [M]. New York : Columbia University Press, 1987.

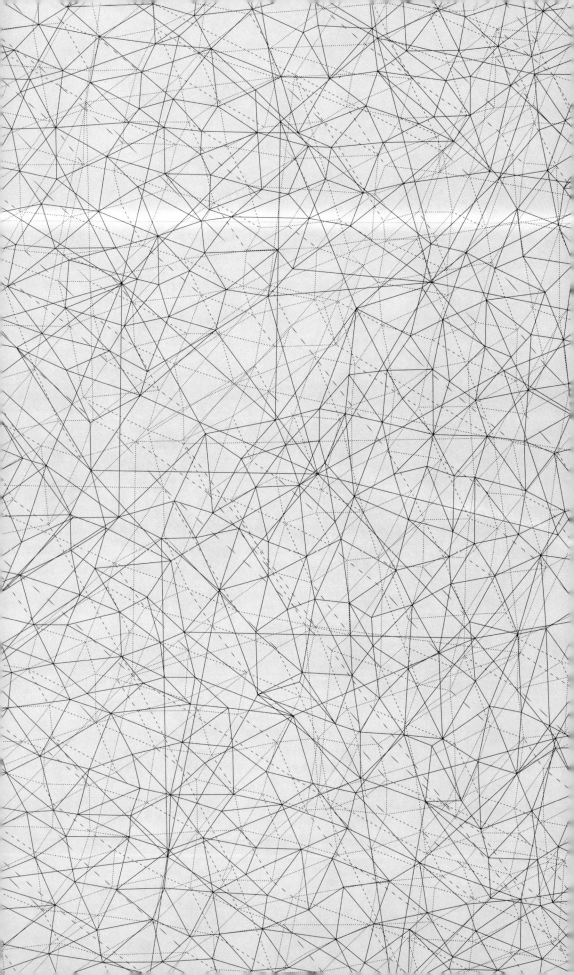

第三部分

翻译与现代性

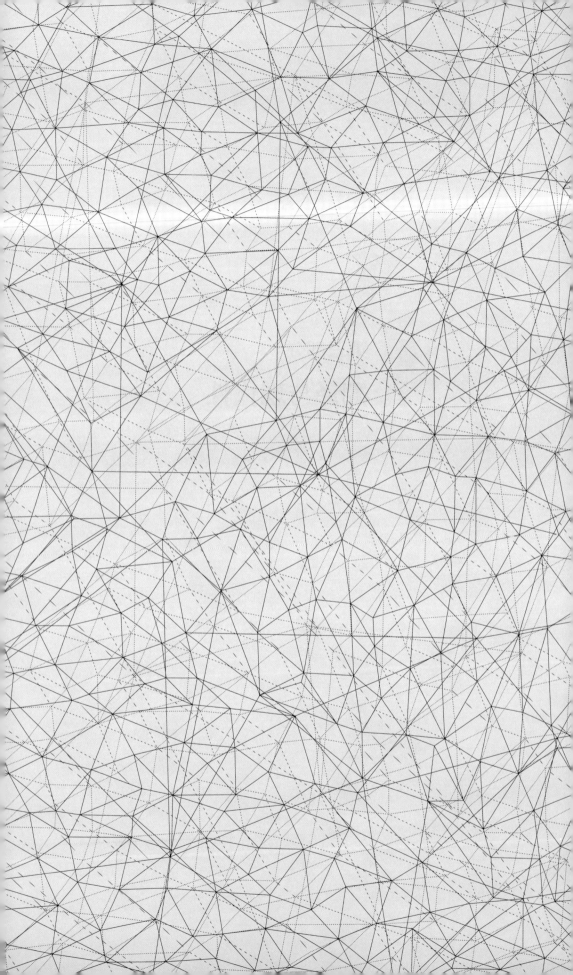

导　言

　　与西方的先发现代性不同，中国的现代性是后发的、非原生的。从鸦片战争开始，西方的坚船利炮把国人从梦中惊醒。在经历一次次战败后，一批有觉悟的知识分子开始全面地学习西方的政治经济和科学技术，希望像日本明治维新一样，通过改革来达到改造中国的目的。当时的中国闭塞贫穷，民众觉悟滞后，为了加速现代化进程，一批知识分子和改革者通过翻译西方的各类经典，掀开了构建现代中国的序幕。在这个时期，翻译对中国的语言革新、文学改造和社会变革起到了不可替代的作用。可以毫不夸张地说，中国的现代性离不开翻译。

　　鲁迅通过翻译的方式引进西方文化，变革中国文学，进而达到改造中国社会的目的。变革中国的文学，必须从变革语言入手；变革语言，又需要从翻译入手。"硬译"成为语言变革的暴力手段，而从"硬译"到"易解"是这种暴力品格的继承与发展。在鲁迅看来，唯有持这样一种开放心态，西方文化才能够真正被引入中国。经历近一个世纪，鲁迅的翻译理论显示了极强的生命力，他提倡的"硬译"和"易解"互为统一，在他所追寻的翻译的更高层次的社会价值中，即以翻译构建中国现代性的过程中彰显了重要作用。

梁启超在经历了维新变法的失败后，认识到翻译乃文化之利剑，开始转向文学，以翻译西方小说为手段来引进西方的启蒙思想，改造社会。梁启超从一开始就将政学放在艺学之前，力求通过翻译达到政治改良的目的。他强调翻译小说的重要性，提倡政治小说的翻译，又通过日文转译，借西方的资产阶级启蒙思想来达到以文治国，最终启迪民智的目的。他的翻译实践有四个特色：取政治小说为译本，以日文转译西学，进行翻译的操控和改写，在新闻报刊上发表译文。其翻译理论以深厚的佛学修养为基础，对今天的译学研究仍有指导意义和借鉴价值。他的翻译实践具有意识形态的特点，反映了19世纪与20世纪之交中国知识分子向西方学习、追求民主的心路历程。

鲁迅和梁启超的翻译理论与实践在表层上体现了中国的现代性离不开翻译。而从本质上讲，翻译作为一种教育行为，可以教育学人，以此塑造学人的博雅品格，锤炼多语能力；可以教育一个国家，以塑造该国的现代性，促进大学学科建设，推动政治、文学和教育改革。翻译是一条承前启后、继往开来的改造之路，是一种革新行为。这项改革的推动者是大学、知识分子，尤其是翻译家。翻译之所以可以被看作教育，是因为翻译具有根除旧有的、落后的社会体制和意识形态，根治衰败、腐朽社会的顽疾，转变生活在其中的人的心智的作用。教育机构在通过翻译构建中国现代性的过程中扮演着极其重要的角色。早期清华大学在探索以翻译构建中国现代性方面树立了良好的榜样：清华学生普遍将翻译实践视为一种修身养性的行为，清华著名学者陈寅恪、胡适和赵元任等人的翻译行为促进了中国的政治、文学和教育改革，推动了中国的现代化进程。创刊于1914年的《清华周刊》是具有重大历史意义的学报，该刊通过其教育功能促进了大学教育的学科体制建设，推进了中国的现代化进程。

早期中国的启蒙主义者很多都是翻译家，他们处于中西文化的交界处，既拥有中国的思想智慧，又拥有西方的启蒙理性，以西方现代文明为借鉴，将开启民智之"火种"播撒到了民间。无论是从表层上还是本质上讲，这一时期的翻译活动都推动了中国的语言革新和社会变革，起到了革故鼎新的作用，中国的现代化进程也因此得到了极大的推动。

八　作为教育行为的翻译：
早期清华案例研究[24]

1. 引言

当今，一个公认的事实是，翻译具有跨学科的性质，而且可以上升为一种文化层面的行为。这一学术地位上的认可姗姗来迟，在很大程度上是后现代和后殖民学者，如雅克·德里达、爱德华·萨义德、保罗·德曼、霍米·巴巴和斯皮瓦克等，促成了这一改变。这些学者一致认为，翻译是人文社会科学领域的重要课题和任务。正是通过他们和其他翻译领域学者的共同努力，动摇了于20世纪确立的、认为翻译仅仅局限在语言范畴内的语言翻译学派的根基，结束了其"一家独大"的局面，使翻译的文化研究和文化的翻译研究在21世纪进入了繁荣时期。

从文化角度来考察，翻译不再仅仅局限于语言学范畴，而是被当作一种文化和社会活动，并且具有塑造一个民族和国家现代性的潜能。"现代性是关于整个社会意识形态和文化改造的整体概念，它以科学理性为前提，揭露非理性的假面具，指明必要的社会变革之路。所以，现代性意味着历史的觉醒，意

---

24 原载《清华大学教育研究》2013年第6期，16—24页。早期清华（大学）指建校之初至1936年，即清华大学与北京大学、南开大学组成西南联合大学以前。

味着历史渐进的自觉，意味着过去继续通往改造之路。"（Swingewood，1998：140）因此，现代性昭示了历史意识，即过去继续通往改造之路。此种理念框架下的现代性强调创造历史和促成社会变革，强调现代性所具有的某种主观特质促成了这一历史进程。笔者想在本文中探讨的基本观点是：翻译也是教育中的一条继往开来的改造之路，是一种革新行为。这项改革的推动者是大学、知识分子，尤其是翻译家。林纾翻译《黑奴吁天录》旨在号召受压迫阶层奋起反抗，争取应有的权益；同样地，严复翻译赫胥黎的《天演论》也旨在告知同胞，在这样一个强者生存的世界，孱弱和落后的国家永无出头之日，唯一的结果就是退出历史的舞台。严复和林纾翻译成功的背后，有出版机构（如商务印书馆）的强力推动。

过去的研究对教育机构和学术群体的翻译行为关注不多。教育机构也在以翻译构建中国现代性的过程中扮演着极其重要的角色。同其他与国外保持频繁交流的中国大学一样，早期清华大学在探索以翻译构建中国现代性方面树立了良好的榜样，作为教育行为的翻译在清华学堂改制为清华大学以后得到了更为迅速的推广。

2. 翻译即教育行为

事实上，翻译实践反映了知识分子与有识之士致力于引入新的理念、新的意识形态，并以此来构建一个全新社会的美好愿望。翻译不仅是一种语言行为，还是一种文化行为、教育行为。莫尔·高德尔曼和李欧梵把这些知识分子和有识之士的努力描述为"强烈的主观主义"（Goldman & Lee，2002：172），这恰恰是中国"五四"时期文学翻译最为突出的特征。翻译具有改造社会的功能，在19世纪末20世纪初，译作的数量远多于原创文学的数量。明清小说处在中国小说史上最繁荣的时代。这一时期的小说究竟有多少种，始终没有很精确的统计。书目方面收录最多的，要算《涵芬楼新书分类目录》，在文学类图书部分，该目录共收翻译小说近400种，创作小说约120种，出版时间最迟的是宣统三年（转引自阿英，1980）。这一时期，翻译家的名望和得到的赞誉远远高于同时期的作家，因为翻译家肩负着把西方文化引入中国和以翻译改造中国社会的重要任务。

这一时期是翻译发展和将现代性引入中国并行的特殊时期。今天，更多的学者致力于从不同的角度来研究翻译，包括文化、历史、美学、语言学或哲学等角度，但很少有学者从教育的角度来研究翻译。本文旨在从教育的角度来研究翻译，探讨翻译如何在近代中国的大学里担负起教育的责任。

目前，中国大学大都为学生开设了翻译课程。这类翻译课程旨在提升学生的基本技能，为学生求职打下基础。但是，教育者或翻译者忽视了一个基本事实，那就是，除了提升基本技能外，翻译还具有育人的重要作用，在历史转折时期，这一作用尤为明显。

翻译之所以可以被看作教育，是因为翻译具有根除旧有的、落后的社会体制或意识形态，有根治衰败、腐朽社会的顽疾，转变生活在其中的人的心智的作用。换言之，现代性所呼吁的翻译，不是基于"为艺术而艺术"的理念，不是用语言来说明或肯定事实。现代性所呼吁的翻译，可以是某种活动，可以是某种行为，在构建国家现代性的过程中，它可以推翻旧有的、落后的体制和意识形态进而构建全新的体制和意识形态。现代性可以是一种集体意识，这种集体意识是通过集体的翻译活动表现出来的。

笔者认为，翻译是一种教育行为，而不单纯是实现教育目标的一种手段。宏观上，翻译可以教育一个国家（以此塑造该国的现代性），微观上，翻译可以教育一个学人（以此塑造学人的博雅品格）。教育机构和教育家所进行的翻译活动可以证明，翻译既可以是内向型的，也可以是外向型的。作为内向型的活动，翻译能够表述出翻译家与大作家或伟人齐肩的愿望；作为外向型的活动，翻译再次强调了它在教育方面的重要作用。值得指出的是，对于个人和教育机构来说，翻译行为很少具有功利性的色彩，它旨在构建能惠及子孙后代的思想和精神源泉，早期清华大学就是最为典型的例子（Luo，2009）。

3. 清华大学的翻译实践

清华大学创建于1911年，在20世纪初期，为中国翻译实践树立了良好的榜样。清华大学不仅在课程设置上重视翻译，而且在实践中鼓励个人和集体的翻译活动。朱自清就对翻译的重要性有深刻的认识。他曾在《清华周刊》撰文谈翻译事业与清华学生，"翻译能够使外来的学问渐渐变成本国的……外来的思想自然便逐渐成至本国思想之一部"（朱自清，2012：78）。他认为，清华学生（尤其是旧制的学生，英文颇好）"自然有许多事业，有许多使命，但振兴中国的翻译事业，大规模地介绍西方文化，他们也得负一大部分的责任……清华学生从前似乎很少从事这种事业，我觉甚为可惜；我希望他们以后别再忘记了这一部分的责任。这与他们文化的前途是极有关系的"。"必须有好好的几百部名著的名译本，中国的翻译界才可望有生气；一般人对于西方文化，才可望有正确的了解。"（朱自清，2012：79-80）由此可见，朱自清是从文化和思想史的高度来看待翻译的，绝不是把翻译简单地看作文字的转换和信息的复制。他希望学生们不要忘记翻译这部分责任，因为这与他们的文化前途是很有关系的。

确实，清华学堂改制成大学以后，翻译在清华得到了蓬勃开展。在当时的清华园，翻译被视为与一个国家和民族的文化发展紧密相连的研究领域，是文化兴国的重要组成部分。创刊于1914年的《清华周刊》出版了很多翻译文章，极大地影响了那段时期中国的文学、历史、哲学以及社会学的研究。此外，以清华学者吴宓为主筹办的《学衡》杂志于1922年1月创刊，所刊文章包括古代文史哲论文、译文，介绍美国新人文主义的著述、译文及评价新文化运动的文字，也有少量批评文章（齐家莹，1999）。

吴宓不但通过办刊来提升翻译的影响力，还在教学方面做出表率。据记载，1925年2月，吴宓任清华研究院筹备处主任、筹备大学委员会委员，教授"翻译术"（齐家莹，1999）。吴宓来清华后所教授的第一门课程就是"翻译术"，翻译之重要性对他而言可想而知。这种高度重视翻译的传统在清华一代又一代地延续。事实上，早期清华的翻译活动加强了学人之学养，形成了学术之合流[25]，并最终推进了中国的学术现代化建设的进程。

3.1 修身养性的个人翻译行为

早期清华学生普遍将翻译实践看作一种修身养性的行为。梁实秋便是一个很好的典型。

严晓江（2012）将梁实秋毕生的文学活动归结为两项工程：散文创作和莎剧翻译。梁实秋散文的内涵和特征是反对以急功近利的世俗眼光看待文学，倡导以永恒的"人性"为视角，在琐细的人情世态上精雕细磨，从中透出情采与智慧的微光，以理节情，一以贯之，于艰难时世中领受人生意趣，以旷达人格叙事抒情。行文走笔收放适度，寓灿烂于平朴之中（杨匡汉，1998）。其实，梁实秋的翻译与这种修身养性的写作是一脉相承的。

梁实秋翻译莎士比亚的戏剧缘起于胡适。胡适治学兴趣广泛，对翻译情有独钟。在其早年的诗集《尝试集》中，不少诗作来自翻译。他还在后来的《白话文学史》一书中，专辟两章讨论《佛教的翻译文学》（胡适，2006）。胡适早在20年代就有一个翻译西方经典的宏伟构想。1930年8月，胡适到青岛，与当时在青岛大学任教的闻一多、梁实秋等人再次商议西方名著的翻译。1930年12月23日，胡适复信梁实秋，告诉他已与瑞恰慈商谈过版本问题，"拟请一多与你，与通伯、志摩、公超五人商酌翻译Shakespeare全集的事，期以五年、十年，要成一部莎氏集定本，此意请与一多一商"。"最重要的是决定用何种文体翻译莎翁。我主张先由一多、志摩试译韵文体，另由你和通伯试译散文体。试验之后，我们才可以决定，或决定全用散文，或决定用两种文体。"（胡适，2003：63）1931年2月25日，胡适在回复闻一多、梁实秋的信中，谈及翻译莎士比亚著作的具体计划（包括成员、时间、程序、文体、译名统一、经费

---

25 这种学术合流的情形在清华学者中普遍存在。当年清华外文系1935级的李赋宁、王佐良、许国璋、周珏良等赴耶鲁、牛津、芝加哥留学，在英国文学方面各有所长，李主攻中世纪文学，王主攻文艺复兴和莎士比亚文学，许主攻18世纪文学，周则主攻19世纪文学。他们回国后共同讲授英国文学，便可形成学术合流。

管理、注释等问题）。不久，中华教育文化基金董事会召开的第七次年会，就正式决定由闻一多、徐志摩等五人任委员，负责翻译与审查莎士比亚全集，并预计五年至十年全部完工。试译的分工是：徐志摩，*Romeo and Juliet*；叶公超，*Merchant of Venice*；陈伯通，*As You Like It*；闻一多，*Hamlet*；梁实秋，*Macbeth*（胡适，2003）。但切实执行这个计划的只有梁实秋一人。"我立刻就动手翻译，拟一年交稿两部。没有想到另外四人始终没有动手，于是这项工作就落到我一个人的头上了。"（梁实秋，1989：27-28）梁实秋最后用了三十多年的时间，把莎士比亚的所有剧本翻译成了中文，成为现代中国唯一一位莎士比亚全集的翻译者。

在莎剧翻译的可读性方面，读者的评价各有千秋。但就翻译"求真"而言，梁实秋的译本堪称榜样。梁实秋不仅翻译莎士比亚，而且研究莎士比亚，将翻译与研究结合起来，将翻译与创作结合起来。所以，他的译文在语言上十分准确。刘炳善（2009）认为，梁译本不以文辞华美为尚，而以"存真"为宗旨，紧扣原作，不轻易改动原文，不回避种种困难，尽最大努力传达莎翁原意。他的译文忠实、细致、委婉、明晰，能更多地保存莎剧的本来面目。可以说，如果仅把阅读看作消遣，人们也可以不选梁实秋的译本。但若要了解西方文化，尽可能透彻地把握莎剧的精神，梁实秋的译本是非读不可的。因为，在动手翻译之前或翻译的同时，梁实秋一定会将剧本中的文化困惑和语言疑难等问题都一一化解，充分显示了翻译大家所具备的可贵品质。"在现代中国文坛，梁先生的大量翻译，成为沟通中西的桥梁。他在这方面的重大贡献，我还没有想到一位可以和他相提并论的。一般人老觉得翻译工作者只是原文的奴仆，而不少读者也未能充分体会优秀翻译的价值。因此，与其赞扬梁先生其他方面的成就，我宁愿特别强调他在这方面的功业。"（严晓江，2012：6）

另一位值得提及的代表人物是朱湘。朱湘对诗歌艺术的锤炼几乎达到了如痴如醉的地步。他的译作摄取世界诗歌之精华，模仿西方的作诗之法，同时融入中国的诗歌元素，得到了罗念生、柳无忌等人的高度评价。朱湘在进行文学创作和诗歌翻译的同时，积极探讨诗歌的改革，提出若干有关诗歌翻译的主张，他还以自己有关诗歌翻译的观点为例，与郭沫若讨论译诗并指出后者译诗的不足（朱湘，1983）。应该说，朱湘的诗歌翻译对白话新格律体译诗规范的建立起到了很大的作用。

此外，朱湘很早就开始了中国文化"走出去"的尝试。在《朱湘书信集》中，我们不难在他给友人的书信中找到相关记录。他在给赵景深的一封信中写道："我如今忙着译诗，尤其把我国诗歌译成英诗的这种工作，需要充分的准备，占去了很多的时间。决定三年后将我国诗歌介绍进英文坛以后，即行回国。"（朱湘，1983：66）他在另一封信中写道："我明年秋去哈佛或纽约，决定开始翻译中国文学……在纽约，我又不想译古诗，却自己作史事诗，如韩信，文天祥，孔子各诗，作成后，翻成英文，两种稿子同时付印，不知究竟如何，明年秋天总可决定。"（朱湘，1983：70）从朱湘提供的名单来看，他提到的史事诗应该指历史上不同时期的著名人物的诗歌，这类诗歌关注社会，具有现实主义的特征。所以，它与史诗（epic）还不一样。中国的史诗基本上产生于少数民族地区，如藏族的《格萨尔王传》，柯尔克孜族的《玛纳斯》，其特征是篇幅巨大，气势恢宏，情节曲折。朱湘为何做"史事诗"？这是朱湘诗歌翻译的策略，体现了一种务实的作风。诗歌一般被认为是不可译的。雪莱甚至宣称"译诗是徒劳无益的"（伍蠡甫，1979：52）。就诗歌翻译而言，以抒情诗最为难译，音律、格式、意象、意境等无不处处制约译者翻译主体性的发挥。一首好诗，译成他国文字后，其命运是由酒变成了水，活鹰变成了死鹰，徒有其形而已。史事诗的翻译则不然。史事诗有内容，即便音律稍逊，其情节依然感人，其浓郁的文化色彩依然能够得到较好地保留。由此可以看出，朱湘充分考虑了读者的反应，找到了中国诗歌翻译的瓶颈。被称为"中国济慈"的他在翻译诗歌时并没有死死追寻"为艺术而艺术"的道路；而是以传播中国文化为己任，其爱国之心，由此可鉴。

朱湘只是清华派出的一个留学生代表而已，像他一样的同时代清华学子还有不少，他们在做翻译的同时，还将个人的命运与国家的前途结合起来，以在世界范围内弘扬中国文化为己任。

3.2 促进政治、文学、教育改革的翻译行为

谈及促进政治、文学教育改革的翻译行为，不能不提到清华的几位杰出学者——陈寅恪、赵元任、胡适、吴宓。

1925年，陈寅恪来清华执教，得益于梁启超、吴宓等人的大力推荐，其学识受到所有教授的钦佩，被誉为"教授中的教授"。据载，陈寅恪在国学研究院指导的五门课程中有两门是翻译课程：摩尼教经典与回纥译文之研究，佛教经典各种文字译本之比较研究（齐家莹，1999）。陈寅恪站在文化史的高度，通过对比原文与译文来分析历时文本的真伪与变迁，发现其背后的政治、经济、文化联系，在历时研究的方法上独辟蹊径。

1932年，陈寅恪发表了《莲花色尼出家因缘跋》一文。陈寅恪查阅当时北平图书馆的敦煌译本《佛说诸经杂缘因由记》（记载了莲花色尼出家因缘的故事），发现原来所记七种咒誓恶报在此仅有六种。从这一细节入手，他开始考证不同的译本，阅读了鸠摩罗什的译经本、巴利文的莲花色尼篇，以及其他经文，多数版本的内容与敦煌译本基本相同，但敦煌译本有一遗漏，即莲花色尼屡嫁，而所生之子女皆离去不复相识，后又与其所生之女共嫁所生之子，既发觉，乃羞恶而出家。由此，陈寅恪认为文化具有过滤功能。莲花色尼的情节与汉民族的传统价值观相去甚远，无法被接受，故在翻译过程中被译者删除。所以，敦煌译本，非不知也，不为也。傅璇琮（1991）认为，这种研究方式将考证演绎与理论阐发糅合在一起，以一个小的实例来阐发文化史发展的大道理，陈寅恪用起来也是得心应手的，除了他具备语言修养外，更重要的是他在那时已经逐步构建了文化史的学术体系。应该说，这个评论是非常精当的。

现有评论仍然存在不足：学术界没有总结归纳出陈寅恪独特的研究方法——多语种译本对比考证法。人们在总结王国维的学术研究时，毫无例外地会提到其"二重证据法"，但这种情形并没有出现在对陈寅恪的评价中，偶然有，也只是点到为止。这无疑是件非常令人遗憾的事情。之所以这样，笔者认为有两个原因：一是像陈寅恪这样通晓十几种语言的学者寥若晨星，故该研究方法很难为大众掌握，遑论得到推广；二是学界对翻译缺乏足够认识。反观早期清华的教育实践，如有学者既不重视翻译（因为它是文化托命的依靠），又

不乐于践行，那就很难在清华学府立足。

赵元任曾担任美国语言学会会长，他在语言学上的辉煌成就使人们很容易就忽视了他在翻译方面为推进中国文学改革所做的贡献。除了被视为中国翻译学研究圭臬的《论翻译中信、达、雅的信的幅度》一文之外，赵元任（1947）还翻译了世界知名儿童文学著作《阿丽思漫游奇境记》（加乐尔著）。该书有很多文字游戏、双关语、成语和笑话，翻译之难，难于上青天。"这书其实并不新，出来了已经五十多年，亦并不是一本无名的僻书；大概是因为里头玩字的笑话太多，本来已经是似通的不通，再翻译了变成不通的不通了，所以没有人敢动它。"（赵元任，1947：10）但赵元任就是要去碰它，去挑战它，最终成功地化解了上述种种难题。赵元任做翻译并非为了追求雅兴，而是为了推进文学和白话文的改革，引进和创造当时中国社会阙如的儿童文学。

赵元任之所以选择该小说进行翻译，是因为翻译此书可以创造一种儿童可以阅读的语言——平易、清新、活泼。赵元任的翻译对后来成为社会语言学家的陈原影响很大。陈原（2008：450）写道："赵元任，赵元任，在我青少年时代，到处都是赵元任的影子。"徐百柯（2011：16）对此也有记载："少年时，他着迷于赵元任翻译的《阿丽思漫游奇境记》（这本是赵兴之所至偶一为之，却成就了一部儿童文学经典译作）。""偶一为之"的说法恐欠妥，赵元任翻译此书并非"偶一为之"，准确而言，是"别有用心"。在那个年代，白话文写作尚处于起步阶段，赵元任是语言学家，其白话文写作功底是他人望尘莫及的。所以，他要通过翻译来推动白话文的改革，推动儿童文学的创作。关于这一点，陈原有比较中肯的评论。赵元任的译本"不是一般的文学译作，他是在进行一种试验，语言的试验，文字改革的试验，文学革命的试验，也是不同思维的文学作品移译的试验"（陈原，2008：460）。赵元任（1947：11）本人也在译序中明白地表示了这一点："当中国的言语这样经过了试验的时代，不妨乘这个机会来做一个几方面的试验：一、这书要是不用语体文，很难翻译到'得神'，所以这个译本亦可以做一个评判语体文成败的材料。二、这书里有许多玩意儿在代名词的区别，例如在末首诗里，一句里he、she、it、they那些字见了几个，这个是两年前没有他、她、它的时候所不能翻译的。三、这书里有十来首'打油诗'，这些东西译成散文自然不好顽，译成文体诗词，更不成问题。所以现在就拿'他'来做语体诗式试验的机会……"[26]《阿丽思漫游奇境记》若不使用白话文就无法将其中鲜活的形象表现出来。"他""她"和"它"三个代词的区别使得译者能够顺利地应对原作的某些章节。一些打油诗的翻译虽不适合译成散文或古典诗歌，却是使用白话文进行试验的好材料。不难看出，赵元任通过翻译该小说进行了他对中文白话文的改革。代词"他""她""它"在赵元任的译作《阿丽思漫游奇境记》里出现后，开始在汉语里广泛使用。

其实，赵元任进行语言试验的译本不仅仅是《阿丽思漫游奇境记》。根据胡适的日记，赵元任还翻译过《软体动物》，并在翻译中进行了语言的革新和试验。"我要贺赵元任先生翻译的大成功，……我今天借了他的油印本子来看，才知道他的注音注调的法子是个什么样子。……最重要的是赵先生充分用'虚字'来表情的方法。"（胡适，2001b：126–127）该译作似乎没有发表。估计赵元任的译本是油印册子，在中国留学生中广为传阅。关于这部译稿的下落，还有待考证。

再来谈谈胡适。平心而论，胡适在翻译上并没有取得很高的成就。这不是因为他的英文水平差。他精湛的英文水平在《论翻译——寄梁实秋：评张友松先生〈评徐志摩的曼殊菲尔小说集〉》一文中可见一斑。胡适肯定了翻译的细节和质量。他指出了批评者自身提出翻译样句所存在的问题，讨论了翻译批评的公允问题以及对翻译的理解等普遍性问题（胡适，2003）。文章理据充足，语气把握得当，令人信服。胡适在翻译方面未能取得巨大的成就，主要是因为他身居要职，没有足够的时间来实践自己喜爱的翻译。即便是这样，他早期翻译的诗歌仍引起了学者们的兴趣，有这方面的专著出版，如廖七一（2006）的《胡适诗歌研究》。

胡适对中国翻译的贡献在于，他深知翻译对改造文学和语言的重要性，将

---

26 为保留历史资料的原貌，引文中一些与现代汉语用法不同的词语和标点未进行改动，全书同。

一批译界英才聚集在身边。他在策划和组织翻译活动、提升翻译研究的质量、加强学科规范等方面所做的贡献卓尔不群。

周作人曾回忆，他与胡适"有过卖稿的交涉一总共是三回，都是翻译"（周作人，1980：8）。此前他拿过翻译稿费，有两元和五元一千字的。可卖给胡适主持的中华教育文化基金董事会编译委员会，竟得到了十元一千字的稿费。四万字，四百元，这让周作人在西郊购买了一块地外加三间瓦屋，这块地也成为他人生的重要记忆，这也是他后来"所觉得深可庆幸的事情"（周作人，1980：9）。从优厚的翻译稿酬可以看出，胡适十分尊重译者，尊重人才，十分知晓翻译的价值。

早在20世纪20年代，胡适就为中国英美文学翻译严重落后的状况深感自责。他曾写道："近三十年来，能读英国文学的人更多了，然英国名著至今无人敢译，……这也是我们英美留学生后辈的一件大耻辱。英国文学名著，上至Chaucer，下至Hardy，可算是完全不曾有译本。……近年以名手译名著，止有伍先生的《克兰弗》，与徐志摩译的《赣第德》两种。故西洋文学书的翻译，此事在今日直可说是未曾开始！"（胡适，2012：146）回国以后，他决心利用自己在国内学术界的影响力来改变这一局面。他在翻译方面所起到的最大作用是，利用庚子赔款组成的中华教育文化基金董事会编译委员会，聚集了一批留学归国的优秀学者和翻译人才，进行有计划、有规模的西方经典翻译工程。他召开了会议，并最终确定了丁文江、赵元任、傅斯年、陈寅恪、梁实秋、陈源、闻一多等13人为委员，致力于西方科学、哲学、文学等名著的翻译。身为编译委员会主任的胡适还草拟了一套编译计划，莎士比亚的剧本就列在翻译名册之首（周红，2006）。

有学者认为，胡适的取向是"强国模式"翻译，挺进到强国之中，试图揭开强国之秘密，或介绍强国立国之本、现代意识、现代思想来唤醒国民，造就或涵养新国民（李伟昉，2011）。其实，在这一点上笔者认为胡适采取的是"学理模式"的翻译，是以"学理"为经纬来展开的文学翻译活动。一方面，他关注的对象主要是学者和知识分子中的精英；另一方面，选材来自西方文学经典，翻译西方文学名著可以摄取西方文学的精华，浸润学者的理论意识。他和"新月派"作家都是如此，在翻译的动机、取材、方法方面与左联作家格格不入。鲁迅提倡翻译西方弱小的、受压迫的国家和民族的文学，以此唤醒民众奋起反抗；而胡适大力提倡读第一流的书，翻译第一流的书，即西方的文学经典，它们具有典范性、权威性，是经久不衰的完美之作，意在塑造完美的人格，造就博雅之士（Luo，2007）。他的"学理"观在政治上亦表现得十分鲜明。

在"输入学理"方面，胡适（1998：55）曾提出要"赶紧多多翻译西洋的文学名著做我们的模范"。他的日记中有这样的记录："昨晚与志摩及余上沅谈翻译西洋文学名著，成一部大规模的'世界文学丛书'。此事其实不难，只要有恒心，十年可得一二百种名著，岂不远胜于许多浅薄无聊的'创作'？"（胡适，2001a：61）胡适积极引进西方文学，他发现部分中国文学作品存在极大的弊病：无病而呻、模仿古人、言之无物。他对汉语句法的模糊性进行了剖析，取《论语》中的一个句子为例，看其语法的歧义，引用了理雅各等的英译文所包含的不同处理和理解方式来说明这个问题（胡适，2001a）。在这一点上，他的观点与鲁迅是一致的。翻译和引进西方的文学，可以改造中国的文学和语言。所以，翻译是一件刻不容缓的任务。他积极推动出版和翻译西方名著。梁实秋在完成莎士比亚著作全集的翻译后提到："领导我、鼓励我、支持我，最终使我能于断断续续的三十年间完成莎士比亚全集的翻译者，有三个人：胡适、父亲和妻子。"（梁实秋，1989：29）梁实秋最初并没有翻译莎剧的念头，"觉得那是非常艰巨的事，应该让有能力的人去做"（梁实秋，1989：27）。胡适慧眼识英才，激励梁实秋开启了人生中最为重要的挑战，历经三十年，最终取得了举世瞩目的成就。

早在清华读书期间，吴宓恋上了翻译。他尝试节译美国诗人朗费罗的长篇叙事诗 *Evangeline*，虽采用意译方式，但字斟句酌，绝不马虎。他还大胆地将原诗改译成中国戏曲作品，并命名为《沧桑艳传奇》（李月，2012）。赴美国留学以前，他曾承担过《清华周刊》的编务工作。1935年，中华书局出版了《吴宓诗集》，包含译诗共31首。应该说这些都是吴宓为提升其个人学养做出的努力和尝试。

吴宓留学哈佛，归国任教于清华大学，随后，他的视野更加开阔，目标更加远大。在清华大学执教期间，吴宓在翻译方面的种种努力为清华大学成为中国比较文学的摇篮奠定了坚实的基础。他的"翻译术"课程专为那些术业有专攻的高年级学生而设，是一种学科建设的行为。虽然选修他这门课程的学生并不多，通常只有贺麟、张荫麟和陈铨，但这三位学生后来在学术译介方面取得了突出的成绩。如张荫麟在《清华学报》和《学衡》上发表了《宋燕肃、吴德仁指南车造法考》《葛兰坚黑暗的时代说》《芬诺罗萨论中国文字之优点》等一系列译文；贺麟则在当学期就完成了《严复论翻译》的论文（齐家莹，1999）。

吴宓言传身教，著作甚丰，为建设清华人文学科不遗余力。为了加强比较文学理论的跨学科建设，他在自己主编的《学衡》杂志上发表了不少译文，如《罗马之家族及社会生活》《白璧德论欧亚两洲文化》《韦拉里论理智之危机》《白璧德论今后诗之趋势》《穆尔论自然主义与人文主义之文学》《拉塞尔论柏格森哲学》《西洋文学精要书目》等。当时，这些译文在中国各大学广为传播，为比较文学在中国的建立和发展起到了十分积极的作用。美国汉学家易社强（2012：143）对吴宓有如此评论："但他不只个性古怪，还是一位尊贵的中国学者，学术视野开阔，精通东西方文学，浸淫于本土文化。"称吴宓为中国比较文学的奠基者、译介学的开拓者是绝不为过的。

3.3 从《清华周刊》看清华翻译对教育的影响

创刊于1914年的《清华周刊》是具有重大历史意义的学报。各期都是由清华教授参与、学生自己编辑和出版的。该周刊为教师提供了发表的园地，为学生与教师的讨论提供了便捷的平台。学报旨在为激励新思想提供学习资源，所以外文译作占据了该学报的大量版面。译作涵盖了多个领域，包括政治、教育、理学、工学、历史、文学、艺术等。在《清华周刊》上发表的译文对当时中国的文史哲研究都具有重要价值。这些译作一经刊载，便在当时中国的大学里广泛传播。许多学者接触先进的西方文学理论（"新批评""文本细读""新人文主义"等），知晓西方文学批评家（爱默生、瑞查兹、白璧德、燕卜荪等），都是通过该周刊实现的。笔者统计了历年来在《清华周刊》上发表的译文数量（见表3）：

表 3 《清华周刊》1916—1937 年译文数量

年份	期号	译文数量
1916	65-93	1
1917	94-125	3
1918	126-155	2
1919	156-183	0
1920	184-205	5
1921	206-232	9
1922	233-265	3
1923	266-300	1
1924	301-332	4
1925	333-365	2
1926	366-396	6
1927	397-427	7
1928	428-449	13
1929	450-477	37
1930	478-502	58
1931	503-523	31
1932	524-550	38
1933	551-573	46
1934	574-599	43
1935	600-613	52
1936	614-634	78[1]
1937	635-637	0[2]

注：1. 第 634 期缺失。
   2. 资料缺失。

基于表 3，我们可以发现，1916 年至 1927 年间译作的数量较少，但 1928 年到 1930 年间，译作数量大幅上升，并在 1930 年达到高峰。在接下来的 6 年间，译作数量几乎保持在高峰水平。此外，1928 年以前的译作主要是文学作品，但 1928 年以后，译作开始涉及社会科学（政治学和经济学、宗教、历史和考古学）和自然科学领域，其数量几乎与文学领域（诗歌、小说、戏剧、评论）持平，译作的原作语言有英文、俄文、日文、德文、法文等。数据表明，《清华周刊》刊载的译作通过其教育功能促进了大学教育的学科体制建设，推进了中国的现代化进程。

4. 结语

翻译是中国现代化进程中的重要因素，将翻译视为一种教育行为来研究是一个全新的视角，它从不同的视角探索翻译的本质，并从客观的角度描述翻译在教育过程中所起到的积极作用。在这样一个研究过程中，我们可以探讨和发现许多学术界过去有意或无意忽略的方面。比如，陈寅恪在历史研究中经常运用的多语种翻译文本考证法，就值得学术界去注意、探讨和研究。水面之上，波涛汹涌固然壮观，水面之下，暗流涌动更为奇妙。遗憾的是，今天人们所看到的只是翻译的表层作用，其巨大的文化功能和社会革新功能多被遗忘。翻译已成为工具，就连外文系的博士论文，都要求用中文去撰写。学术之河道越来越窄，思想之土壤越来越贫瘠。长此以往，翻译研究何以得到发扬光大，如何能屹立世界学术之林？在全球经济一体化的今天，要让中国的学术研究走向国际，我们必须着眼于创造丰沃的学术土壤，提供自由的学术空间，培养多语种的思辨能力，从而有可能培育出陈寅恪、赵元任那样的大师苗子，而不仅仅是催化一些谙熟西方人文经典的雅士。从教育的角度去看翻译的作用，有助于教育研究的深入，有助于丰富学科的内涵。需要说明的是，清华大学的实例并不是唯一的，很多相似的情况都可能发生在相同的学术大背景下。所以，这项研究会对其他大学的翻译与教育研究起到启示的作用，有关学者可以从全新的视角来发展和丰富翻译研究，从而开创一个翻译教育研究的崭新局面。

参考文献

- 阿英.晚清小说史[M].北京：人民文学出版社，1980.
- 陈寅恪.莲花色尼出家因缘跋[J].清华大学学报（自然科学版），1932（1）：233-243.
- 陈原.陈原序跋文录[M].北京：商务印书馆，2008.
- 傅璇琮.陈寅恪文化心态与学术品位的考察[J].社会科学战线，1991（3）：237.
- 胡适.建设的文学革命论[C] // 欧阳哲生，编.胡适文集：第2卷.北京：北京大学出版社，1998：55-56.
- 胡适.胡适日记全编：第五卷[M].合肥：安徽教育出版社，2001a.
- 胡适.胡适日记全编：第六卷[M].合肥：安徽教育出版社，2001b.
- 胡适.胡适全集：第24卷[M].合肥：安徽教育出版社，2003.
- 胡适.白话文学史[M].合肥：安徽教育出版社，2006.
- 胡适.胡适书信选[M].耿云志，宋广波，编.北京：外语教学与研究出版社，2012.
- 李伟昉.梁实秋莎评研究[M].北京：商务印书馆，2011.
- 李月.吴宓的著译与翻译观[J].兰台世界，2012（4）57-58.
- 梁实秋.梁实秋散文全集[M].台北：光夏文艺出版社，1989.
- 廖七一.胡适诗歌研究[M].北京：清华大学出版社，2006.
- 刘炳善.为了莎士比亚[M].开封：河南大学出版社，2009.
- 齐家莹.清华人文学科年谱[M].北京：清华大学出版社，1999.
- 伍蠡甫.西方文论选[M].上海：上海译文出版社，1979.
- 徐百柯.民国风度[M].北京：九州出版社，2011.
- 严晓江.梁实秋的创作与翻译[M].北京：北京师范大学出版社，2012.
- 杨匡汉.深文隐秀的梦里家园——《雅舍文集》总序[C] // 梁实秋.雅舍小品.北京：文化艺术出版社，1998：3-4.
- 易社强.战争与革命中的西南联大[M].饶佳荣，译.北京：九州出版社，2012.
- 赵元任.译者序[M] // 加乐尔.阿丽思漫游奇境记（第五版）.赵元任，译.北京：商务印书馆，1947：10-11.
- 周红.也谈胡适与莎士比亚戏剧[N].中华读书报，2006-03-22.
- 周作人.知堂回想录[M].香港：三育图书有限公司，1980.
- 朱湘.朱湘书信集[M].罗念生，编.上海：上海书店，1983.
- 朱自清.朱自清随笔精选：桨声灯影里的秦淮河[M].武汉：长江文艺出版社，2012.
- CARROLL L. Alice's adventures in wonderland & through the looking

class[M]. New York: Nelson Boubleday, 1974.

- GOLDMAN M, LEE L Q. An intellectual history of modern China[M]. Cambridge: Cambridge University Press, 2002.

- LUO X M. Translation as violence: On Lu Xun's idea of Yi Jie[J]. Amerasia Journal, 2007(3): 41-54.

- LUO X M. Translation as education[J]. Interpreting and translation studies, 2009 (1) : 245-255.

- SWINGEWOOD A. Cultural theory and the problem of modernity[M]. London： Palgrave Macmillan, 1998.

九 梁启超的小说翻译与文学革命²⁷

1. 引言

梁启超的翻译理论和实践是梁启超学术研究的重要组成部分，它从一个侧面反映了近代中国人学习西方、追求民主和自由的心路历程。有关梁启超的研究可谓汗牛充栋，然而，有关梁启超翻译研究的文章却寥寥无几。笔者从中国学术期刊网上查询的结果是：从1994年至2003年年底，中国学术期刊网的语言文学栏目收入有关梁启超的研究论文达464篇，涉及文学、历史、新闻甚至农业生态等诸多方面。然而，有关梁启超论翻译的论文仅有四篇²⁸，不到有关文献的百分之一。当然，一些探讨新小说的文章提到了梁启超的翻译见解，但这些文章讨论的主旨是新文学和新小说的改革，梁启超在《译印政治小说序》《论译书》等文章中的论点只是被拿来当作谈论新文学的佐证。翻译已被边缘化和

---

27 原载《清华大学学报》（哲学社会科学版）2006年第1期，46—52页。

28 这四篇论文分别是：劳陇的《意译论——学习梁启超先生翻译理论的一点体会》，载《外国语》1996年第4期；王宏志的《"专欲发表区区政见"：梁启超和晚清政治小说的翻译及创作》，载《文艺理论研究》1996年第6期；李伟的《梁启超与日译西学的传入》，载山东师范大学学报（社会科学版）1998年第4期；王志松的《文体的选择与创造——论梁启超的小说翻译文体对清末翻译界的影响》，载《国外文学》1999年第1期。当然，不排除有文章不在统计之列，但有影响的文章应该是这些。

陌生化，仅仅是文学的工具和附庸，而非改造文化和社会的利剑。然而，翻译不仅仅是文学研究的背景，它还是文学研究的主体。这在20世纪初的中国尤其如此。梁启超的翻译理论和实践不一样，他的翻译理论是传世的，而他的翻译实践是觉世[29]的。本文主要从意识形态角度探讨梁启超的文学翻译实践。

2. 以政治小说作为文学的翻译取材

在文学翻译中，译者起到十分重要的作用。"译什么""怎样译"，都能反映译者的价值取向，是值得研究的课题。在21世纪翻译研究的文化转向时期，这些思考激发了越来越多学者的兴趣。"译什么"这一问题，反映在梁启超身上，显得十分突出。作为资产阶级启蒙思想家，梁启超怀着革新变法的志向，取政治小说为文学翻译的题材，主张一种宣教启蒙的翻译观。

梁启超是晚清文学运动的发起者与推动者，他提倡的"诗界革命""文界革命""小说界革命"和"戏曲改良"，对近代中国文学产生了十分积极的影响。这些理论都是为梁启超的"新民理论"服务的。他指出："若以今日之民德、民智、民力，吾知虽有贤君相，而亦无以善其后也。"（梁启超，2001a：548）他在《论小说与群治之关系》一文开头就指出："欲新一国之民，不可不先新一国之小说。故欲新道德，必新小说；欲新宗教，必新小说；欲新政治，必新小说；欲新风俗，必新小说；欲新学艺，必新小说；乃至欲新人心，欲新人格，必新小说。何以故？小说有不可思议之力支配人道故。"（梁启超，2001b：758）梁启超之所以为"新民"而"新小说"，是因为他对中国的旧小说十分不满，认为它非但起不到"新民"的作用，反倒有助于"诲淫诲盗"之风。"吾中国人状元宰相之思想何自来乎？小说也。吾中国人佳人才子之思想何自来乎？小说也。吾中国人江湖盗贼之思想何自来乎？小说也。吾中国人，妖巫狐鬼之思想何自来乎！小说也。若是者，岂尝有人焉，提其耳而诲之，传

---

29 "传世""觉世"之概括始见夏晓虹：《觉世与传世——梁启超的文学道路》，上海：上海人民出版社，1991年。

诸钵而授之也？"（梁启超，2001b：760）为了"新小说"，为了"新民"，他借鉴了日本和欧美各国的经验，要通过小说之力来达到上述目的。西方小说要引入中国，必须依靠翻译。此时的梁启超经历了维新变法的失败，认识到翻译乃文化之利剑，于是他转向文学，以翻译西方的小说、引进西方的启蒙思想来抨击时政、批判现实，从而改造国民素质，最终达到其政治改革的目的。虽然在此之前，梁启超曾提到清政府译书之局限，但他未能明确地指出翻译"政治小说"的观点。他在《大同译书局叙例》一文中说道："是以愤懑，联合同志，创为此局。以东文为主，而辅以西文，以政学为先，而次以艺学；至旧译希见之本，邦人新著之书，其有精言，悉在采纳；或编为丛刻，以便购读，或分卷单行，以广流传。"（梁启超，2001a：147）可见，梁启超从一开始就将政学放在艺学之前，其通过翻译来达到政治改良的用心晰明可辨。

在梁启超的时代，推崇西方小说者，还有康有为、严复等人。康有为（1992：1213）在《日本书目志》中提到："今中国识字人寡，深通文学之人尤寡，经义史故叵宜译小说而讲通之。泰西尤隆小说学哉！"1897年发表于天津《国闻报》的《本馆附印说部缘起》[30]一文便提到："夫说部之兴，其入人之深，行世之远，几几出于经史上，而天下之人心风俗，遂不免为说部之所持……本馆同志，知其若此，且闻欧、美、东瀛，其开化之时，往往得小说之助。"（陈平原、夏晓虹，1989：12）但只有梁启超鲜明地、彻底地打出译印政治小说的旗号，为开展政治小说的翻译做了大量的舆论宣传工作。他强调翻译小说的重要性，指出："译书真今日之急图哉！天下识时之士，日日论变法，然欲变士，

---

30 不少人认为该文是严复和夏曾佑合撰的，如蒋英豪：《梁启超与中国近代新旧文学的过渡》，载《南开学报》1997年第5期，22—30页；张伟：《晚清译介的三种特色小说》，载《中华读书报》2001年2月7日。但王栻主编的《严复集》第二册（北京：中华书局，1986年，439—440页）有一段讨论，认为此文非严复所作，故未将此文收入《严复集》之中。在陈平原与夏晓虹合编的《二十世纪中国小说理论资料：第一卷 1897—1916》中，作者署名几道、别士，但王宏志在《重释"信达雅"：二十世纪中国翻译研究》（上海：东方出版中心，1999年）一书中，将严复和夏曾佑列为作者，在后面的括号中填上几道和别士两个名字。

而学堂功课之书，靡得而读焉；欲变农，而农政之书，靡得而读焉；欲变工，而工艺之书，靡得而读焉；欲变商，而商务之书，靡得而读焉；欲变官，而官制之书，靡得而读焉；欲变兵，而兵谋之书，靡得而读焉；欲变总纲，而宪法之书，靡得而读焉；欲变分目，而章程之书，靡得而读焉。"（梁启超，2001a：147）"吁！中国旧译之病，尽于是矣。……故今日而言译书，当首立三义：一曰，择当译之本；二曰，定公译之例；三曰，养能译之才。"（梁启超，1984：11）梁启超将"当译之本"放在首位，可见，在他的心目中，择本乃最为重要。梁启超指的"当译之本"就是西方的政治小说，其目的是教育启蒙，向西方人学习。"在昔欧洲各国变革之始，其魁儒硕学，仁人志士，往往以其身之所经历，及胸中所怀，政治之议论，一寄之于小说。"（梁启超，2001a：153）他深刻认识到，人性启蒙是中国现代思想的根基所在，所以要把这一观点贯穿到文学理论之中，运用到文学翻译的实践中。他确实做到了这一点。吴趼人在《〈月月小说〉序》中说："吾感夫饮冰子《小说与群治之关系》之说出，提倡改良小说，不数年而吾国之新著新译之小说，几于汗万牛充万栋，犹复日出不已而未有穷期也。"（陈平原、夏晓虹，1989：169）

3. 以日文转译作为文学翻译的策略

1898年，有两篇重要的译论文章出现：一篇是严复的《〈天演论〉译例言》，另一篇为梁启超的《论译书》。前者寥寥数百字，却提出"信、达、雅"的翻译主张，影响了此后近一个世纪的中国译学理论；后者近万言，不仅论证了翻译西方书籍的重要性，还论证了翻译的策略、方法及其存在的问题，提出了一系列精辟的见解，被徐志啸认为是近代文坛上第一篇提倡翻译、研究翻译的专门文章，为中国的翻译理论、近代中外文学关系的发展做了贡献（徐志啸，2000：137）。然而，梁启超的文章当时并未引起应有的重视，就翻译研究而言，其影响竟远远不及严复的短文。何故？笔者认为原因有二：一是严复译著甚丰，中西文俱佳，故译者皆取其为楷模，师法其翻译；二是中国译学更多地注重翻译的艺术特征，严复的"信、达、雅"理论恰恰与这一特征相吻合。

而梁启超将翻译放在文化层面来考察，将翻译视为结果来分析，从文化的过程来考察翻译，虽针砭时弊，却无关译艺本身，是故未能得到应有的重视。其实，人们忽略了一个基本事实，梁启超的翻译和译论对当时社会所产生的影响并不在严复之下。他主张从日文转译西方学术著作，进行文学翻译的嫁接，就是最为成功的一例。

梁启超认为："日本与我为同文之国，自昔行用汉文。自和文肇兴，而平假名、片假名等，始与汉文相杂厕，然汉文尤居十六七。日本自维新以后，锐意西学，所翻彼中之书，要者略备，其本国新著之书，亦多可观。今诚能习日文以译日书，用力甚鲜，而获益甚巨。计日文之易成，约有数端：音少一也；音皆中之所有，无棘刺扞格之音，二也；文法疏阔，三也；名物象事，多与中土相同，四也；汉文居十六七，五也。故黄君公度，谓可不学而能。苟能强记，半岁无不尽通者。以此视西文，抑又事半功倍也。"（梁启超，1984：19-20）这一点，在学术术语的翻译上表现得尤为突出。严复（王栻，1986b：1322）就曾感叹："一名之立，旬月踟蹰。""名"在这里指的是术语，严复就将"经济学"译作"计学"，将"自由"译作"群己权界"。梁启超认为，虽然通过直接翻译西方的学术著作来向西方学习大有好处，但当时之中国，懂西语之人数远不及懂日文者，故不能满足中国革新变法的迫切需要，更遑论在短期内实现"新民"之目标。反观日本，明治维新之后，已强大到几与西方并驾齐驱，几乎已将西方的重要书籍悉数译成日文。日文易学，日书易得，取日译西方学术著作转译，不啻为一捷径。这一点，张之洞已在梁启超之前有所省悟。"至各种西学书之要者，日本皆已译之，我取径于东洋，力省效速，则东文之用多……学西文者，效迟而用博，为少年未仕者计也；译西书者，功近而效速，为中年已仕者计也。若学东洋文、译东洋书，则速而又速者也。是故从洋师不如通洋文，译西书不如译东书。"（张之洞，2002：46）

严复对梁启超的看法不以为然，他在给曹典球的信中写道："大抵翻译之事，从其原文本书下手者，已隔一尘，若数转为译，则源远益分，未必不害，故不敢也。颇怪近世人争趋东学，往往人者主之，则以谓实胜西学。通商大埠广告所列，大抵皆从东文来。夫以华人而从东文求西学，谓之慰情胜无，犹有说也；至谓胜其原本之睹，此何异睹西子于图画，而以为美于真形者乎？俗说之诤常如此矣！"（王栻，1986a：567）一位彭姓人氏更以"将来小律师"为名，撰写了《盲人瞎马之新名词》，对日译术语在中国的流行进行猛烈的抨击。他说："顾吾国人读新学也有年矣，非惟不受新学之赐，并吾国固有之文章语言，亦几随之而海。试观现代出版各书，无论其为译述也，著作也，其中佶屈聱牙，解人难索之时髦话，比比皆是。呜呼！是何故也？是不治外国文过也，或治之而未深求也，盲读瞎吹，以讹传讹。曩者大隈重信讥我曰：日本维新以前，汉文行乎日本，自维新之后，日文行乎中土。予闻此语，深慨国人之愈趋愈下而不知自振也。"（王中江，1997：266）

在今日看来，严复对日译西学的看法应该是对的，而且是应当遵循的。但考虑19世纪末与20世纪初的中国现实，其言论似乎不够宽容与豁达。但严复的观点与上述彭氏言论有本质区别。严复主张翻译西方的学术著作，而且身体力行，著作等身，成为中国近代伟大的启蒙思想家。彭氏则反对新学语的输入，其观念有些偏执与狭隘。在这一点上，王国维关于新学语之输入的见解应该是比较中肯的。王国维既反对好奇滥用，又反对把外来语看成洪水猛兽，一概斥之。他说："故我国学术而欲进步乎，则虽在闭关独立之时代犹不得不造新名，况西洋之学术骎骎而入中国，则言语之不足用固自然之势也。"（王国维，1997：41）王国维历史性地看待新学语的输入，认为它是时势所趋，非人可抵御。他进一步补充："数年以来，行上之学渐入于中国，而又有一日本焉，为之中间之驿骑，于是日本所造译西语之汉文，以混混之势，而侵入我国之文学界。好奇者滥用之，泥古者唾弃之，二者皆非也。夫普通之文字中，固无事于新奇之语也，至于讲一学，治一艺，则非增新语不可。而日本之学者既先我而定之矣，则沿而用之何不可之有，故非甚不妥者，吾人固无以创造为也。"（王国维，1997：41）在王国维看来，新词语的输入，是一种与时俱进的表现，如果故步自封，不求革新，当然沿用古人古语即可，如果要发展，就另当别论了。事实证明，日译的大部分术语，最后都在汉语中固定下来了。李运博在其提交日本北海道大学的博士论文中，对流入近代中国的日语借词进行了分析与论证。他对梁启超作品《饮冰室合集》中出现的161个术语进行了对比与考察，得出了如下结论：在《饮冰室合集》中出现的161个从日文转译的术语中，有141个是因为梁启超的使用而得以流入中国的。如"泼兰地""金字塔""西伯利亚""欧洲列强""意大利""法律""主权""国民""地球"等词语，均出自梁启超之手（李运博，2003）。在这141个词汇当中，有52个词原本属于古汉语词汇，但在明治时期的日本被赋予了新的含义。当然，我们还要看到在新词语引入的背后，是新观念的形成，其意义远在一些学术词汇的引进之上。

正是在梁启超的带动下，19世纪末和20世纪初，中国出现了一股翻译日译西学的热潮。杨寿春根据《译书经眼录》所收书目做过的一项统计表明，光绪末年共译西书533册，而译自日本的就有321册，约占全部译书的60%（陈平原，1989）。故李泽厚（1979）认为，1898年至1903年是梁启超作为资产阶级启蒙宣传家的黄金时期，是他一生之中最有群众影响、起到最大客观作用的时期。其影响之大，足以抵消梁启超一生的错误和罪过而有余。提倡政治小说的翻译，又通过日文转译，借西方的资产阶级启蒙思想来达到以文治国，启迪民智的目的，就是梁启超积极提倡政治小说翻译的巨大贡献之所在。

4. 以"改写"与"操纵"作为文学翻译的手段

翻译之法可有多种，17世纪英国译坛的代表人物德莱顿（John Dryden）就提出过三种翻译方法：直译（metaphrase）、意译（paraphrase）、衍译（imitation）[31]。译者可根据自己不同的目的而采取不同的翻译策略。第一种为逐字翻译，强调句子与词汇的对等，有时难免佶屈聱牙，但意义比较忠实；第二种不拘泥于形式，只求在意义上收到对等之效，有时难免受到"得意而忘形"的批评；第三种仅仅摄取原文大意，恣意发挥，译文文采斐然，却与原文相去甚远，有人批评其为"漂亮但不忠实"。三种不同类型的翻译，使用于不同

---

31 陈德鸿与张南峰主编的《西方翻译理论精选》提到，John Dryden 在 *Ovid's Epistles*（London: Jacob Tonson, 1680）一书中提出了三种翻译：metaphrase、paraphrase、imitation，并把它们分别译成"直译、意译和拟作"，本文保留前两种，而将 imitation 译成"衍译"。

的场合，服务于不同的目的。美国翻译理论家利夫威尔认为，翻译就是一种操纵，而不是一种单纯的模仿行为，这种操纵可以在不同的译者身上找到影子，只是程度深浅不一罢了（Luo，1997）。如严复译《天演论》，将原书标题中的"伦理"一词去掉，以凸显"物竞天择，适者生存"的资本主义的启蒙思想（王栻，1986b）。在严复的翻译中，原书章节已改动，或增或删或并，移花接木，时空转移，比比皆是。而且为了增强读者的熟悉感和作品的戏剧性，《圣经》中的人物被中国《史记》中的人物所代替。作为政治家的梁启超亦深谙此道。他在翻译过程中，常有意增减或改变原文，使译文能够为社会改良起到作用。陈平原（1989）就提到，"直译"在晚清没有市场，小说翻译界基本上是"意译"一边倒。梁启超"译意不译词"，颇为时人信奉。他提到意译包含四个方面，在其译文中都有体现。其一，改用中国人名、地名，以便记忆。梁启超译《十五小豪杰》，主人公名字都采用中国人的名字，如武安、俄顿、莫科、杜番。其二，改变小说体例，割裂回数，甚至重拟回目。梁启超（1989b：5）在《十五小豪杰》译文中加注，"森田译本共分十五回，此编因登录报中，每次一回，故割裂回数，约倍原译，然按之中国说部体制，觉割裂停逗处，似更优于原文也"。其三，删去无关紧要的闲文和不合国情的情节。其四，译者大加增补。梁启超在小说翻译中，常插入议论和谐谑，这些均非原作所有。又如，梁启超将拜伦诗中符合中国国情的部分嵌入其小说之中，使之易于为大众所接受。"如此好河山，也应有自由回照？我向那波斯军墓门凭眺，难道我为奴为隶，今生便了？不信我为奴为隶，今生便了！"（梁启超，1989a：45）这是梁启超在《新中国未来记》中所用的数行拜伦诗，唱歌者乃一位20来岁的中国美少年。这几句呼唤民众的诗行与政治话语糅合在一起，诗歌的意义也得到了彰显。陈平原（1989）认为上述种种情形之所以被接受而且盛行，原因之一是那一代翻译家的外语水平不高，原因之二是口授和笔译分工合作（如林纾的翻译）对意译起到了推波助澜的作用。这一分析是十分中肯的。

就梁启超的翻译实践看，其翻译就连意译都称不上，更准确地讲，是衍译和改写。说明这一点十分重要，因为这是作为思想家的翻译者与作为艺术家的翻译者的分水岭。我们固然要承认，梁启超起初的日文程度并不高，不过即便他当时精通日文，也未必会像一般翻译家那样专心于词对词、句对句地忠实翻译。梁启超以思想家和政治家的眼光看待外国文学，重视的是外国文学的价值观，其次才是文学的艺术性。他关注的是翻译文学的宣传作用，希望以此形成一种新的意识形态和新的国民性。所以，他的翻译也许更多是"觉世"之作，而非"传世"之精品。

梁启超曾翻译日本政治小说《佳人奇遇》，该小说同周宏业翻译的《经国美谈》在《清议报》上刊登后，产生了极大反响，启发和培养了读者的国家意识。后来，他又转译日文《十五少年》，在报上连载了《十五小豪杰》。《十五小豪杰》，原本为法国人所作，后经英国人翻译，再由日本学者森田思轩从英文译入日文，梁译已是第三次转译，其"体裁""格调"一变再变，梁启超（1989b：5）在译著第一回附记里写道："英译自序云：用英人体裁，译意不译词，惟自信于原文无毫厘之误。日本森田氏自序亦云：易以日本格调，然丝毫不失原意。今吾此译，又纯以中国说部体段代之，然自信不负森田。果尔，则此编虽令焦士威尔奴复读之，当不谓其唐突西子耶。"此处提到的译意，乃译本之格调，非字字对译的翻译。梁启超还在该书第十四回的按语中说："本书原拟依水浒、红楼等书体裁，纯用俗话。但翻译之时，甚为困难。参用文言，劳半功倍。计前数回文体，每点钟仅能译千字，此次则译二千五百字。译者贪省时日，只得文俗并用，明知体例不符，俟全书杀青时，再改定耳。"（梁启超，1989b：20）尽管如此，该小说却在当时社会产生了很大影响，不断重印。

除小说外，梁启超还最早翻译了英国诗人拜伦的《渣阿亚》和《端志安》两首诗。梁启超为什么要译拜伦呢？因为"拜伦最爱自由主义，兼以文学的精神，和希腊好像有夙缘一般。后来因为帮助希腊独立，竟自从军而死，真可称文学界里头一位大豪杰。他这诗歌，正是用来激励希腊人而作。但我们今日听来，倒像有几分是为中国说法哩"（梁启超，1989a：44）。由此可见，拜伦正是梁启超要移植到中国的英雄形象，而拜伦的诗作则可以用来唤起中国人的觉悟。梁启超的观点对后来的鲁迅有一定影响。鲁迅在一篇文章中提到："那时Byron之所以比较的为中国人所知，还有别一原因，就是他的助希腊独立。时当清的末年，在一部分中国青年的心中，革命思潮正盛，凡有叫喊复仇和反抗

的，便容易惹起感应。"（鲁迅，1981：220–221）

梁启超在翻译拜伦的《渣阿亚》时，更多注重诗歌的抒情与召唤的功能。他的译文用词典雅，气势磅礴，似进军号、战争曲，感人肺腑，催人奋发，表现了革新和求"解放"的精神。试读梁启超在《新中国未来记》第四回中翻译的一段（梁启超，1989a：42–43）：

（1）

原文：

Such is the aspect of this shore;

'Tis Greece，but living Greece no more!

...

Clime of the unforgotten brave!

Whose land，from plain to mountain-cave,

Was Freedom's home or Glory's grave!

Shrine of the mighty! Can it be,

That this is all remains of thee？

（Byron，2009）

译文：

葱葱猗，郁郁猗，海岸之景物猗！

呜呜，此希腊之山河猗！呜呜，如锦如荼

之希腊，今在何猗？

……

呜呜，此何地猗？下自原野上岩峦猗，皆

古代自由空气所弥漫猗，皆荣誉之墓

门猗，皆伟大人物之祭坛猗！

噫！汝祖宗之光荣，竟仅留此区区在人

间猗！

（梁启超，1989a）

与梁启超同时代的学者中也有人翻译拜伦的诗歌，苏曼殊就是其中之一，但他们力求在形式与意义上做到与原文对等，考虑辞格韵律较多。梁译则不然，他大加改写，取全诗精彩部分，以自己熟悉的白话加文言，谱写了一篇激扬文字，具有极大的宣传和鼓动力，是一篇新诗力作。

5. 以新闻报刊作为传播文学翻译的阵地

梁启超在翻译方面所取得的成就，与他取政治小说为题材，从日文转移为嫁接，以编译改写而达到"操纵"有关。但还有一点我们不应忽视：他充分利用了新闻报刊，以此为翻译文化传播的阵地。他的翻译以连载形式刊发在自己主办的报刊上，形式活泼多样，既译且评，相得益彰，深为当时民众欢迎。《新民丛报》从创刊后第二号起，就连载梁启超的译作。梁启超认为报刊的作用是"'去塞求通'，其有助耳目喉舌之用。而起天下之废疾者，则报馆之为也"（赖光临，1968：51）。《梁启超与近代报业》一书还介绍了《新民丛报》的办报宗旨，在学说条目下便有"述泰西名儒学说之最精要者"，在介绍新书条目之下有"凡各处新出之书，无论为编，为译，皆列其目时加评，以便学习者别撰购读"（赖光临，1968：40-41）。据记载，梁启超办《新民丛报》的经费为向保皇会译书局借款得来的5 000元。最初原议附属于译书局，其后则公议归梁启超与冯紫山等人经营。不到一年，畅销至9 000份，再后，竟涨到14 000份，足见报纸影响之大。另一刊物《新小说》亦同，该刊"创作之外，译者亦不少"（赖光临，1968：42）。由于翻译的作用，报刊的语言也为之丰富。梁氏所开之文章新体，不仅突破了文言与口语、单行与骈偶、散文与韵文的界限，写得汪洋恣肆又不乏典丽，而且打破了汉语与外国语的畛域，大量采用了外来新词语，将外国的新学理染上了鲜明的时代特色（张永芳，2000）。

晚清以来，一批启蒙者均重视翻译，林则徐与魏源重视向西方学习，后来康有为、梁启超所进行的一些变法改革活动，莫不与翻译有关。《本馆附印说部缘起》一文还有这么一段话："且闻欧、美、东瀛，其开化之时，往往得小说之助。是以不惮辛勤，广为采辑，附纸分送。或译诸大瀛之外，或扶其孤本之微……宗旨所存，则在乎使民开化。"（陈平原、夏晓虹，1989：12）诚如蒋英豪（1997）所指出的，翻译是晚清启蒙者自林则徐、魏源开始就很重视的向西方学习的手段，康有为、梁启超尤为重视，他们的一些重要事业，如办报、开设译书局等，都涉及翻译。具体提出要翻译外国小说以向西方文学学习，虽非以《译印政治小说序》为始，之前的《本馆附印说部缘起》已开其端，但实际行动却从梁启超开始。梁启超身体力行，开始西方政治小说的翻译，并在报上连刊，大大加速了文化传播。梁启超在《时务报》上开辟了"域外报译""西文报译"等专栏，刊登各种译作，篇幅几乎占报纸的二分之一（赖光临，1968）。他本人参与的翻译就有《佳人奇遇》《世界末日记》《俄皇宫中之人鬼》等多部，登载在《清议报》《新民丛报》《新小说》等报刊之上。尤其《新小说》报可谓当时中国唯一的文学报，对外国文学的译介起到了不可估量的作用。

6. 结语

通过上述分析，我们可以看出，意识形态的翻译与文学艺术的翻译在目标上是不一致的。所以，我们要将梁启超的翻译研究与他的翻译实践区分对待。他的翻译实践是意识形态的，而他的翻译理论是艺术形态的。他的翻译理论以他深厚的佛学研究为基础，充满了真知灼见，对翻译的本质、翻译的方法及翻译功能等都有深入独到之见解，对今天的译学研究仍有指导意义。而他的翻译实践活动是放在政治学的背景下进行的，打上了鲜明的时代烙印，有明显的现实目的。所以，得到的评价也见仁见智。我们今天谈梁启超的翻译理论，要从艺术的本质和标准的角度去谈，但若探讨他的翻译活动，却要从文化、社会等诸多非艺术因素的角度去审视它，从而充分肯定其翻译在历史上所起到的积极作用。

参考文献

- 陈平原. 20世纪中国小说史：第一卷1897—1916[M]. 北京：北京大学出版社，1989.

- 陈平原，夏晓虹. 二十世纪中国小说理论资料：第一卷1897—1916[M]. 北京：北京大学出版社，1989.

- 程华平. 梁启超报业思想对其小说理论及小说创作的影响[J]. 文艺理论研究，1999（3）：51-58.

- 蒋英豪. 梁启超与中国近代新旧文学的过渡[J]. 南开学报（哲学社会科学版），1997（5）：22-30.

- 康有为. 康有为全集：第三集[M]. 上海：上海古籍出版社，1992.

- 赖光临. 梁启超与现代报业[M]. 台北：台湾商务印书馆，1968.

- 李运博. 流入到近代中国的日语借词——梁启超作品中的日语借词[J]. 天津外国语学院学报，2003（4）：37-40.

- 李泽厚. 中国近代思想史论[M]. 北京：人民出版社，1979.

- 梁启超. 论译书[M] // 中国翻译工作者协会《翻译通讯》编辑部. 翻译研究论文集（1894-1948）. 北京：外语教学与研究出版社，1984：11，19-20.

- 梁启超. 饮冰室合集：专集八十九[M]. 北京：中华书局，1989a.

- 梁启超. 饮冰室合集：专集九十四[M]. 北京：中华书局，1989b.

- 梁启超. 饮冰室文集点校：第一册[M]. 昆明：云南教育出版社，2001a.

- 梁启超. 饮冰室文集点校：第二册[M]. 昆明：云南教育出版社，2001b.

- 鲁迅. 鲁迅全集：第一卷[M]. 北京：人民文学出版社，1981.

- 王国维. 王国维文集：第三卷[M]. 北京：中国文史出版社，1997.

- 王栻，主编. 严复集：第三册[M]. 北京：中华书局，1986a.

- 王栻，主编. 严复集：第五册[M]. 北京：中华书局，1986b.

- 王中江. 严复[M]. 台北：东大图书公司，1997.

- 徐志啸. 近代中外文学关系（19世纪中叶——20世纪中叶）[M]. 上海：华东师范大学出版社，2000.

- 张永芳. 中西文化交流与大众传播媒介的产物——试论梁启超的散文创作[J]. 社会科学辑刊，2000（6）：143-145.

- 张之洞. 劝学篇[M]. 北京：华夏出版社，2002.

- BYRON G. The Giaour, a fragment of a Turkish tale[M]. South Carolina: Nabu Press, 2009.

- LUO X M. Literary translation and comparative literature: An interview with professor Andre Lefevere[J]. Tamkang review, 1997, 27(1): 103-109.

十　从"硬译"到"易解"：鲁迅的翻译与中国现代性[32]

1. 引言

作为20世纪中国最重要的作家之一，鲁迅出生在一个半殖民地半封建社会，他目睹当时国之凋敝、民之闭塞，认为真正的痼疾存在于社会肌理组织，即腐败的政府和麻痹的民性之中，因此断然弃医从文，针砭时弊。时至今日，鲁迅以及"鲁迅遗产"（钱理群，2006）一直被文学界、史学界、文化研究界的学者及大众传媒广泛关注，其在文学、教育和艺术领域的贡献也被集中讨论。而同时，正如钱理群所指出的，"这是一个饶有兴味的思想文化现象：在90年代中国的文坛学界，轮番走过各式各样的'主义'的鼓吹者，几乎是毫不例外地要以'批判鲁迅'为自己开路"，"还有自称'新生代'的作家，也迫不及待地要'搬开'鲁迅这块'老石头'，以'开创文学的新纪元'"（钱理群，2002：4）。尽管批评之声喧嚣于耳，但这不过是各个流派及理论通过中国文学界内的一次挑灯拨火为自己扬名立牌（Luo，2007）。总之，上述批评与评论对于鲁迅为中国文学及中国现代性所做的贡献都未给出系统深入的评价，尤其是鲁迅对翻译的看法和观点更是鲜有人论及。要知道，鲁迅首先是翻译家，其次是作

32　原载《中国翻译》2016年第5期，32—37页。

家[33]，他翻译的文字比全部著作的字数还要稍多，达300万字（全灵，1980）。

有两本文集需提及，一部是《鲁迅诞辰百年纪念集》（收录61篇文章），另一部是《鲁迅诞辰一百十周年纪念论文集》（收录33篇文章）。尽管鲁迅的文学生涯以一个翻译家的身份开始并以翻译家的身份结束，且在其所有的作品中，翻译作品占了将近一半[34]，然而，这两部文集并未提及任何鲁迅对翻译及翻译研究的贡献[35]。该如何解释这一现象呢？其一，许多学者并未真正理解翻译，从事过翻译实践的更是寥若晨星；其二，当时的学术界普遍对翻译研究本身持有偏见，认为翻译不能成为学术成就；其三，翻译研究仍旧被边缘化，相对于文艺评论和国学研究而言，它还不成熟；其四，即使是译者本身也没有对翻译的意识形态功能给予足够的重视[36]。

不过，美国两部有关翻译研究的著作认识到了鲁迅对翻译理论的贡献：《跨语际实践——文学，民族文化与被译介的现代性（中国，1900—1937）》（*Translingual Practice: Literature, National Culture, and Translated Modernity—China: 1900–1937*）和《翻译的丑闻：走向差异的伦理学》（*The Scandals of Translation: Towards an Ethics of Difference*）。前者的作者是刘禾（Lydia Liu），受罗曼·雅柯布森对语言研究方法的影响，她论及到底是什么推动理论家们一次又一次地回到可译性的问题上来（Liu，1995）。后者由劳伦斯·韦努蒂（Lawrence Venuti）

---

33 原北京鲁迅博物馆馆长孙郁认为鲁迅"首先是翻译家"，原载《北京日报》，2008年9月27日。

34 据绍兴鲁迅博物馆提供的资料，鲁迅发表过如下数目的翻译作品：俄国及苏联作品，37种；日本作品，36种；德国作品，7种；法国作品，6种；匈牙利作品，3种；芬兰、英国、奥地利、荷兰作品，各2种；西班牙、罗马尼亚、捷克斯洛伐克、美国、保加利亚、波兰作品，各1种。总数过百，大部分西方作品译自日语。

35 鲁迅发表的第一部作品是与其弟周作人合译的名为《域外小说集》的翻译集，该书于1909年在日本自费出版。他发表的最后一部作品亦为翻译作品《毁灭》，1936年，鲁迅在病榻上时便在校对该译稿。参见彭定安的《鲁迅：在中日文化交流的坐标上》，沈阳：春风文艺出版社，1994年，394—400页。

36 参见"翻译与跨学科学术研究丛书"（罗选民主编）之一《翻译研究的文化转向》（王宁，2009）中的"导言"及"第一章"对翻译学及翻译研究地位的描述。

所著，他在论及翻译的"异化"概念时提及鲁迅，这一概念在很多方面与鲁迅的"硬译"概念不谋而合。

总体而言，对鲁迅有关翻译观点的研究还是肤浅的，全面研究尚未展开。本文即以此为基点，简要梳理鲁迅的翻译理念，对鲁迅翻译思想中的重要概念"硬译"与"易解"进行深入的探讨。

2. 从"硬译"谈起

颇具讽刺意味的是，虽然很多中国学者熟谙鲁迅的"硬译"[37]思想，但对于韦努蒂的异化翻译的讨论却远远多于对鲁迅这一思想的研究。这有可能源于对"硬译"进行去概念化式的孤立理解或将其简单地理解为表面化的生硬翻译（rigid translation），有论者（彭定安，2001）甚至把"硬译"等同于文学翻译中的"创造性叛逆"，其实二者截然不同。

"硬译"提倡翻译后的目标语言无论在形式上还是内容上都保留源语文字的风格与韵味。鲁迅把"硬译"当作其翻译的基本方法（approach），主要原因有三点[38]。

第一，在中国的翻译传统中，"硬译"曾是历代译家在翻译实践中所采取的策略。佛经翻译始于东汉并一直延续至后来的唐宋时期。随着朝代的更迭，卷帙浩繁的佛经被译入中国，同时也涌现了许多著名的翻译家及翻译理论。比如著名佛经翻译家玄奘便主张译文应在形式和内容上都尽量与原文接近。有记载表明，鲁迅在20世纪二三十年代曾翻阅数百本佛书，苦心研究佛经译本，并受此启发（赵英，1991）。因此，他力主"硬译"也显得顺理成章。

---

37 中国学者应当感谢韦努蒂，因为他的 *The Scandals of Translation: Towards an Ethics of Difference* 使得鲁迅的"硬译"概念的重要性在当代文本中得到进一步的认识。

38 杨宪益与戴乃迭在其四卷本的《鲁迅选集》英译中视鲁迅的翻译方法为"硬译"法。北京：外国文学出版社，1960年。

第二，鲁迅认为"硬译"是了解西方文化并将其介绍到中国的最好途径。譬如，与鲁迅同时代的著名学者赵景深把"Milky Way"译为"牛奶路"。鲁迅对此持批评态度，并按照"硬译"的方法将其译为"神奶路"。他之所以这样做，并非为了捍卫其"硬译"的思想，而是为了使读者更好地理解西方文化，他想通过译文让读者了解到该语源自古希腊神话[39]。这是赵译的"牛奶路"怎么都无法让读者体会和认知的。因此，鲁迅和赵景深之间的争论涉及的绝不仅仅是翻译方法的问题，而是一场新旧翻译思想之间的交锋。在鲁迅看来，赵以忠实为代价换来的译文的流畅是对不懂外语的民众的欺骗（鲁迅，1981）。鲁迅迫切地想在中国推广西方文化，而"硬译"是他引介西方文化的最忠实的方式。

第三，鲁迅视"硬译"为实现翻译直接目的的最佳方式，换言之，"硬译"有助于在中国建构新语言和新文学，从而树立新文化、培养新民智。例如，他认为"The sun is setting behind the mountain"有两种英译方式：一为"日落山阴"——这是传统译法，表现的是文言文的语言特征，他拒绝采纳此种译法；二为"山背后太阳落下去了"——这是"硬译"的方法，也是鲁迅主张的方法，即在中文表达允许的情况下，尽可能地贴合英文的结构和表达方式（鲁迅，1989）。

尽管苦衷连连，但鲁迅的"硬译"无论是在当时还是现今都使得他饱受诟病。正如钱理群所说，在悄然兴起的国学风里，民族主义者，还有"新儒学""新国学"的大师们，鼓吹新的中国中心论，自然以鲁迅为断裂传统的罪

---

39 鲁迅（1981）写道："……使我想起赵先生的有名的'牛奶路'来了。这很像是直译或'硬译'，其实却不然，……却说希腊神话里的大神宙斯是一位很有些喜欢女人的神，他有一回到人间去，和某女士生了一个男孩子。物必有偶，宙斯太太却偏又是一个很有些嫉妒心的女神。她一知道，拍桌打凳地大怒了一通之后，便将那孩子取到天上，要看机会将他害死。然而孩子是天真的……有一回，碰着了宙太太的乳头，便一吸，太太大吃一惊，将他一推，跌落到人间，不但没有被害，后来还成了英雄。但宙太太的乳汁，却因此一吸，喷了出来，飞散天空，成为银河，也就是'牛奶路'，——不，其实是'神奶路'。"

魁祸首。在某些人的眼里，鲁迅甚至免不了"汉奸"之嫌。号称"后起之秀"的具有中国特色的后现代主义者视理性为罪恶，以知识为权力的同谋，用世俗消解理想，告别鲁迅就是必然的结论。用后殖民主义的眼光看"五四"那一代人，他们的改造国民性的思想[40]，鲁迅对阿Q的批判，不过是对西方文化霸权主义的文化扩张的附和。自由主义者鼓吹"宽容"，炫耀"绅士风度"，对"不宽容"的"心胸狭窄"的鲁迅自然不能"宽容"，他被宣判为"极权统治"的"合谋"（钱理群，2002）。

其实这种种"诟病"源自学者们对鲁迅翻译思想了解的局限性，这些学者基本上停留在"硬译"的概念之上，忽略了鲁迅后来对这一理论进行的补充与发展，那就是由"硬译"所带来的"易解"和"丰姿"。即便有人提及这两个词语，也并没有文章深层次地去探讨其精神之实质。这便是至今鲁迅的翻译思想仍不能为许多学者所充分理解的原因所在。

3. "易解"的暴力本色

语言的暴力是指抹杀每个人都是他者、每个人都是完全不同的存在这一事实，并将这种差异同化为相同存在的一种暴力（高桥哲哉，2011）。当然，这里的"语言"指包括文字、文化、文学及意识形态等在内的一个综合表达体。作为"语言"的翻译，其本身就是一个"解构—建构"为一体的暴力过程。正如雨果所说："当你为一个国家提供一篇翻译作品时，这个国家差不多，或者肯定会把这种翻译视为针对自己的暴力行为"（Hugo，1992：18）。因此，鲁迅提倡的"硬译"在重思文本、重塑思想、重构现代性[41]时必然带有暴力色彩，

---

40 参见对鲁迅名篇《阿Q正传》中妇孺皆知的普通人形象主角的评论文章。

41 参见罗选民在"翻译：中国近代与西方国际学术研讨会"上的特邀发言"作为文化记忆的翻译：重新思考鲁迅的翻译"，会议于2006年12月8日在国立巴黎东方语言文化学院举办。

这种色彩甚至是故意涂抹上去的[42]。而这种暴力本色进一步且更完整地附着在了"易解"之上。

3.1 对"硬译"的继承与发展

鲁迅和瞿秋白在关于翻译的通信中就翻译问题进行了细致的讨论。瞿秋白与鲁迅一致认为在新时期创造新的语言是一项非常重要的任务，借文艺复兴及后来的宗教改革之力，欧洲先进国家，在二三百年甚或四百年以前已经完成了这个任务（瞿秋白，1984），欧洲白话语言的建立和现代性的崛起交相辉映。如伴随德国宗教改革兴起的宗教翻译，创生了现代德语，其意义深远巨大。瞿秋白认为，翻译可以造出许多新的字眼，新的句法，丰富的词汇和细腻、精密的表现。因此，要创造中国现代的、新的言语，我们对翻译，就不能够不要求：绝对的正确和绝对的中国白话文（瞿秋白，1984）。

因而，在19世纪与20世纪之交，文人志士力求通过翻译西方著作颠覆中国传统文言文学，创造新的语言及变革中国社会。这当然绝非易事，事实上，这被认为是一种暴力行为。因为中国人对自己的文化和文学的领先地位向来坚信不疑。清代晚期著名学者吴趼人甚至反对将西方语言中的标点符号引入中文。这与晚清时期普遍存在的排外心理息息相关。即便是透露出些微对中国之物贬低或将外国之事奉为样本的心理都会招来质疑与批判。鲁迅早已意识到了国人的这种心理，但这并未阻止他变革的尝试。怀着豁达的胸襟，鲁迅借用希腊神话来表明自己的观点，他说"人往往以神话中的Prometheus比革命者，以为窃火给人，虽遭天帝之虐待不悔，其博大坚忍正相同。但我从别国里窃得火来，本意却在煮自己的肉的，以为倘能味道较好，庶几在咬嚼者那一面也得到较多的好处，我也不枉费了身躯……"（鲁迅，1981：209）。

"易解"与"丰姿"的提出是鲁迅对"硬译"翻译思想的补充与发展。虽然"硬译"是鲁迅一直未变的翻译方法（王宏志，2007），但鲁迅本人对他人

---

42 王宏志（2007）在《重释"信、达、雅"——20世纪中国翻译研究》中从两个方面考察晚清时期翻译外国小说的模式——翻译被敌视为暴力行为和翻译故意被转化为暴力行为。

曲解"硬译"并不满意[43]。显然，他还是希望继续在这一"大政方针"下寻求更贴合和完整的表达方式。终于，他在"从'无有'到'较好'的空间"里找到了"硬译"的发展者，既不"曲"，也不"硬"或"死"，"易解"与"丰姿"便应运而生[44]。

由此可见，当鲁迅推崇的"硬译"作为一种方法（approach）扎根于译论中时，它所蕴含的暴力属性就像基因一样，从"硬译"分流成"易解"与"丰姿"。换言之，从暴力性这一维度可窥见"硬译"和"易解""丰姿"的继承关系及辩证统一，二者是暴力的不同表现层面和力度体现，并不冲突相悖，后者正是对前者的继承和发展。

3.2 "易解"翻译观

鲁迅和瞿秋白主张通过翻译改造文言文。1930年，鲁迅写道，"日本语和欧美很'不同'，但它们逐渐添加了新句法，比起古文来，更宜于翻译而不失原来的精悍的语气，开始自然是须'找寻句法的线索位置'，很给了一些人不'愉快'的，但经找寻和习惯，现在已经同化，成为己有了"（鲁迅，1981：199-200）。他接着说道，"中国的文法，比日本的古文还要不完备，然而也曾有些变迁，例如《史》《汉》不同于《书经》，现在的白话文又不同于《史》《汉》；有添造，例如唐译佛经，元译上谕，当时很有些'文法句法词法'是生造的，一经习用，便不必伸出手指，就懂得了"（鲁迅，1981：199-200）。鲁迅举早期日语和中文的例证来说服顽固的反对者，把翻译视为改造汉语的有力工具的先例古已有之。

至此，反观"易解"本身，这一术语的使用正可被理解为对语言、话语

---

43 鲁迅在《文艺与批评》译者附记中写道："硬译之外，只有'束手'这一条路——就是所谓'没有出路'——了，所余的唯一的希望，只在读者还肯硬着头皮看下去而已。"《鲁迅全集》第十卷，2005年，329—330页。

44 鲁迅在《"硬译"与"文学的阶级性"》中写道："自然，世间总会有较好的翻译者，能够译成既不'曲'，也不'硬'或'死'的文章的，那时我的译本当然就被淘汰，我就只要来填这从'无有'到'较好'的空间罢了"。

的逻辑结构的清晰性的追求。鲁迅在翻译中主张"易解"是因为他希望将当时处于主流地位的文言文替换掉。他认为，文言文结构松散，难以捉摸，句法太不清晰直白，难以被未受过文言教育的普通大众理解。"易解"的提出顺理成章，它秉承了"硬译"的核心理念，以一种暴力性的方式对语言进行改造，使其明晰化。

鲁迅提倡"易解"的主要动力源自他所认为的，汉语语法的"缺点"。他鼓励通过"硬译"将西方语法的严密性引入汉语，因为它能够提供精密连贯的结构作为样本。"现在又来了'外国文'，许多句子，即也须新造——说得坏点，就是硬造。据我的经验，这样译来，较之化为几句，更能保存原来的精悍的语气，但因为有待新造，所以原先的中国文是有缺点的。"（鲁迅，1981：200）

现以例（1）和例（2）来阐释鲁迅的观点：

（1）一个桌子吃八个人。

A table eats eight people.

例（1）里中文句子的表层句法结构所传达意思是"A table eats eight people"。一张桌子如何能够吃围着它坐的人呢？学习汉语的外国人肯定会感到非常困惑，但是这样表意模糊的句子却可以得到中国人的宽容。

这绝不是唯一的案例，在中国某大都市城郊的湖边立着一块警示标志牌，上面写道：

（2）"小心坠河！"

Carefully fall into the river!

原句在汉语中是可以接受的：它会被理解成"小心，不要坠河"。然而，字面的英语翻译却让人难以接受：它将一个警示变成了坠河的命令。这个例子经常被用来批评过度的字面翻译，但很少有人质疑汉语原文的句子结构以及中文读者的语言宽容度。

刊登在《新民晚报》海外版上的一篇文章讽刺了一则由于中文句法不精确而引人发笑的"趣事"。在著名的北京某餐馆前台旁立着一个标牌，上面写道："包子请往里走。"母语为中文的人会在大脑中自动调整这句话的字面结构，将其理解为"想吃包子的人请往里走"。如果将这句话直译成英文便是"Dumplings please go inside"。西方读者会感到困惑，他们对语法不规范、语义不准确的句子所持的宽容度也远远不及中国读者。

鲁迅早在70年前就意识到了这一点。他认为，语法的不精密，在于证明思路的不精密，换一句话，就是脑筋有些糊涂（鲁迅，1984）。而"易解"的任务或者功能就是要暴力性地消除语法的、思路的不精密，使脑筋变得清晰。

然而，有很多关于"易解"的曲解：一些学者把"易解"等同于"中国版"的归化，即采用目标语读者所习惯的表达方式来传达原文的内容，从而赋予其表达力，使其具有可读性，更有学者认为"易解"是鲁迅对原先理论主张（硬译）的改变[45]。尽管"易解"的字面意思为"容易理解"，但鲁迅并未将其用于阐释可读性。笔者认为，鲁迅的"硬译"主张从来就没有改变过。多年后，鲁迅对自己在《域外小说集》发表前未用"硬译"法感到懊悔不已[46]。他提到的"易解"实际上是在"硬译"的观照下，将翻译作为一种暴力，对中国语言（文言文）的其他问题进行改造。

当然，"易解"的过程还没有完成。或者说，从"硬译"走向"易解"并不是鲁迅翻译之途的最后目的地。鲁迅曾批评将拜伦的一首革命诗歌译成文言文的做法，因为译文读起来像一首古诗，不能与现世紧密关联，不能像原文那样鼓舞人们为自由而战，这种翻译风格不能显现"易解"这一暴力手段所带来的更高层次的社会价值，即通过翻译构建中国现代性。

---

45 参见林煌天主编的《中国翻译词典》中关于鲁迅翻译理论前后变化的论述。武汉：湖北教育出版社，1997年，182页。

46 鲁迅在1934年给杨霁云的信中说道："自作聪明，不肯直译，回想起来真是悔之已晚。"《鲁迅全集》第十三卷，2005年，99页。

值得一提的是，伴随"易解"出世的还有"丰姿"[47]这一概念。虽然二者并称为鲁迅的翻译双标准，但后者更偏向于对"易解"后的整体文学形象的要求。或者说，"丰姿"更接近于翻译风格、文学典律及民族诗学，是作为整个翻译理念基础的"硬译"所追求的暴力成品。至此，"硬译""易解""丰姿"的关系昭然若揭：从"硬译"到"易解"和"丰姿"，是一个母体将其暴力基因遗传给两个子体，各个子体承担着不同的暴力份额并在各自的领域为着那最艰巨而崇高的目标而努力——构建翻译的中国现代性。本文对"丰姿"这一标准不做过多论述，但它仍旧是鲁迅整个翻译理念中不可缺失的一环。

4. "易解"与翻译现代性的构建

"易解"是构建翻译现代性的有效手段。接下来我们可以考虑几个问题：何为现代性？何为翻译现代性（translated modernity）？中国现代性与翻译的因果关系是怎样的？

对现代性的界定、范畴、论争等的学术研究已蔚为可观，对现代性的释义不尽相同[48]，笔者在这里并不试图做穷尽性的概念阐述。现代性已不再是西方世界的专利，而是一个超越时空界限的世界性现象（王宁，2002）。正如哈贝马斯所认为的那样，每一个时代的人们都可以标榜其文化艺术具有现代性，但是只有在另一个时代仍可产生新的意义并诱发人们的探索兴趣的东西才真正称得上是具有现代性特征的文化艺术。如果以此为标准，那么在彼时饱受诟病的鲁迅反而获得了现实的"现在价值"，不正具有典型的现代性吗？从翻译学的视角审视现代性，刘禾（2002）的"被译介的现代性"已经为翻译现代性研究树立了一个良好的榜样，但中国的翻译现代性却是在鲁迅的翻译思想和翻译活

---

[47] "凡是翻译，必须兼顾着两面，一当然力求其易解，一则保存着原作的丰姿。"参见《鲁迅全集》第六卷，2005年，364—365页。

[48] 参见周与沉的文章《现代性的中国探询——大陆学界现代性问题研究综述》（http://www.docin.com/p-1581460032.html，2015-08-03）。

动中得以萌生和发展的。

中国现代性与翻译的关系不证自明。新文化运动的兴起标志着中国现代性的觉醒，自此，中国仁人志士的各种社会活动和行业分工在社会文化学意义上殊途同归——皆为构建中国现代性。当然，中国现代性的构建在一定程度上离不开翻译，翻译是一把利剑，当一个国家处于危难时，它常常冲锋在前，所向披靡。很难想象没有翻译，中国的现代性会如何形成（罗选民，2009）。所以翻译有极重要的地位。而鲁迅手握这把利剑，把自己做翻译比喻成普罗米修斯舍身偷天火，泽被人间（罗选民，2009）。

概而言之，作为一种暴力行为，"硬译"与"易解"和"丰姿"在构建中国现代性方面所做的努力主要包括两点：

其一，为构建中国现代语言文学而努力。

从清末中国屡屡战败开始，不少人便认为中国语文是中国积弱的主因，于是有改革语文的声音，甚至有废除汉字和汉语拉丁化的要求（王宏志，2007）。当然，也有少数泥古不化之人将汉语引入标点符号都视为洪水猛兽，坚决反对任何形式的语言变革。两派交锋十分激烈，形成了中国近代史的一道奇观。此时，作为思想家的鲁迅，以翻译践行，积极地翻译和引介西方的文学和文化，对中国现代的新文化运动、新文学运动产生了积极的影响。可以毫不夸张地说，以鲁迅为代表的新文化和新文学运动的先行者在"五四"时期翻译的文学作品是中国现代文学的不可分割的一部分。

鲁迅的翻译就是一种文化改造的手段，其目的是通过翻译外国文学来变革中国的文学，从而达到改造中国文化、改造国民性的目的。变革中国的文学，必须从变革语言入手，而变革语言，就需要从翻译入手。换言之，鲁迅从翻译入手，将"硬译"作为基本方法（approach），赋予其强制性的暴力色彩，以此挑战和对抗当时占主流地位的汉语文言文。他希望通过这种异化式翻译来诊治文言文的含混和费解，让汉语变得结构明晰，更容易为大众所接受，这也是"硬译"的暴力基因遗传者"易解"的使命所在。

提出"硬译"方法，并以"易解""丰姿"为翻译双标准，鲁迅发展了由佛经进入中国以来所形成的翻译传统。在"文质"之争的基础上，翻译视角由语言的转换上升到一个从未达到的高度：通过"硬译"来引进西方优秀的文化精髓，改造旧语言体系中的不合理因素，更新当时贫瘠落后的旧文学，最终启迪时人之心智，改造中国文化中滞后的元素，改造中国社会。在这一过程中，鲁迅形成了一种具有独特而鲜明的"翻译现代性"的翻译观，进而影响了中国新文学的形成。他创作了中国第一部现代白话文小说《狂人日记》，而他和周作人此前翻译出版的《域外小说集》，更可被看作一部"先锋实验派"作品，其译序被陈平原誉为"新一代翻译家的艺术宣言"（陈平原，1989：49）。通过翻译，改造中国语言，改造中国文学，改造中国文化，塑造中国现代性，是鲁迅翻译暴力的重要目的。

其二，为构建中国现代性政治模式而努力。

王宏志认为，译者有时候会故意将翻译转化为一种暴力行为，以达到其政治目的，由此，翻译变成一种革新，甚至是颠覆性的力量，推翻及破坏长久以来的秩序或标准，引进新的元素，配合和推动一些政治活动（王宏志，2007）。"文学不借人，也无以表示'性'，一用人，而且还在阶级社会里，即断不能免掉所属的阶级性，无需加以'束缚'，实乃出于必然"（鲁迅，1981：204）。由此可见，鲁迅认为文学具备阶级性，其本人也站到了无产阶级文学派的队伍里。"我只希望有切实的人，肯译几部世界上已有定评的关于唯物史观的书——至少，是一部简单浅显的，两部精密的——还要一两本反对的著作"（鲁迅，1981：127）。为此，鲁迅身体力行，将自己比喻为普罗米修斯，这表明，鲁迅要通过翻译向旧世界挑战，哪怕牺牲自己也在所不惜。至于他提到的"窃火给人"，这把"火"当然是指他自己翻译的，为中国现代性带来福音的无产阶级文学。

其实从晚清开始，鲁迅便认定了翻译外国作品有助于国民性的改革。在他信奉马列主义前，他的翻译活动也都是朝着这个方向前进的（王宏志，2007）。比如，鲁迅早就预见到《域外小说集》的失败[49]，但仍旧主张"硬译"，并将其确定为一生的翻译信仰。他希望通过翻译的暴力行为，达到改造政治、文化与

---

49 鲁迅（2005）在《域外小说集》序言中写道："《域外小说集》为书，词致朴讷，不足方近世名人译本。"

社会的目的。可以说，鲁迅的"硬译"是冒着市场销路及名声的风险而进行的另类革命。可以说，没有翻译，就没有马克思主义在中国的传播，就没有今天的中国共产党（罗选民，2009）。经过"易解"和"丰姿"的发展而体现出来的鲁迅的"硬译"及其暴力行为无疑也推动了中国现代性的构建。

5. 结语

暴力是一个在感性上极具颠覆色彩的词。在以翻译构建中国现代性的历史进程中，这样的理性暴力却发挥了不可替代的作用。这何尝不是一桩好事呢？以暴力的翻译为利器，改造语言、改造文学、改造国民性、改造社会，是19世纪末20世纪初中国各界所看中的一桩好事。而在手持利器的众多思想家中，鲁迅更是逆势而为、迎难而上，将暴力的"硬译"与"易解""丰姿"贯彻到底，通过扭转翻译的风尚改造社会。尽管这第一只燕在那冰封雪冻的冬天显得过于前卫[50]，但是，这只飞燕终究会越过冬天，迎来明媚的春天。

---

50 冯至等人对《域外小说集》有一个评价："一九〇九年出版的《域外小说集》是他的主张和实践，出版后却受到了难以想象的冷淡待遇；上下二卷每卷只卖出几十册。但我们不能不认为它是采取进步而严肃的态度介绍欧洲文学最早的第一燕。只可惜这只燕子来的时候太早了，那时的中国还是冰封雪冻的冬天。"见冯至、陈祚敏、罗业森的文章《五四时期俄罗斯文学和其他欧洲国家文学的翻译和介绍》，载《翻译论集》，罗新璋编，北京：商务印书馆，1984年，471—496页。

参考文献

- 陈平原. 20世纪中国小说史：第一卷1897—1916 [M]. 北京：北京大学出版社，1989.

- 高桥哲哉. 反·哲学入门 [M]. 何慈毅，郭敏，译. 南京：南京大学出版社，2011.

- 刘禾. 跨语际实践——文学，民族文化与被译介的现代性（中国，1900—1937）[M]. 宋伟杰，等译. 北京：生活·读书·新知三联书店，2002.

- 鲁迅. 鲁迅全集：第四卷 [M]. 北京：人民文学出版社，1981.

- 鲁迅. 关于翻译——给瞿秋白的回信 [C] // 中国翻译工作者协会，《翻译通讯》编辑部，编. 翻译研究论文集（1894—1948）. 北京：外语教学与研究出版社，1984：223-228.

- 鲁迅. 翻译与我 [M] // 张玉法，张瑞德. 鲁迅自传. 台北：龙文出版社，1989.

- 鲁迅. 鲁迅全集：第十卷 [M]. 北京：人民文学出版社，2005.

- 鲁迅博物馆鲁迅研究室. 鲁迅诞辰百年纪念集 [Z]. 长沙：湖南人民出版社，1981.

- 罗选民. 翻译理论研究综述 [C] // 杨自俭，王菊泉. 结构·解构·建构——翻译理论研究. 上海：上海外语教育出版社，2009：1-10.

- 彭定安. 鲁迅学导论 [M]. 北京：中国社会科学出版社，2001.

- 钱理群. 鲁迅：远行以后（1949—2001）[之四] [J]. 文艺争鸣，2002（4）：4-8.

- 钱理群. "鲁迅"的"现在价值" [J]. 社会科学辑刊，2006（1）：178-181.

- 瞿秋白. 关于翻译——给鲁迅的信 [C] // 中国翻译工作者协会，《翻译通讯》编辑部，编. 翻译研究论文集（1894—1948）. 北京：外语教学与研究出版社，1984：215-222.

- 全灵. 从"硬译"说起 [M] // 鲁迅研究文丛第1辑. 长沙：湖南人民出版社，1980：319-323.

- 上海鲁迅纪念馆. 鲁迅诞辰一百十周年纪念论文集 [C]. 上海：百家出版社，1993.

- 王宏志. 重释"信、达、雅"——20世纪中国翻译研究 [M]. 北京：清华大学出版社，2007.

- 王宁. 翻译文学与中国文化现代性 [J]. 清华大学学报，2002（S1）：84-89.

- 王宁. 翻译研究的文化转向 [M]. 北京：清华大学出版社，2009.

- 赵英. 鲁迅与灿烂的佛教文化 [C] // 北京鲁迅博物馆鲁迅研究室. 鲁迅藏书研究 鲁迅研究资料增刊. 北京：中国文联出版社，1991：34-52.

- HUGO V. Extract from the preface he wrote for the Shakespeare translations published by his son, François-Victor, in 1865 [C] // LEFEVERE A. Translation/history/culture: A sourcebook. London: Routledge, 1992: 18.

- LIU H. Translingual practice: Literature, national culture, and translated modernity—China: 1900—1937[M]. Stanford: Stanford University Press, 1995.

- LUO X M. Translation as violence: On Lu Xun's idea of Yi Jie [J]. Amerasia, 2007, 33(3) : 41-54.

- VENUTI L. The scandals of translation: Towards an ethics of difference [M]. London : Routledge, 1998.

第四部分

翻译与跨学科研究

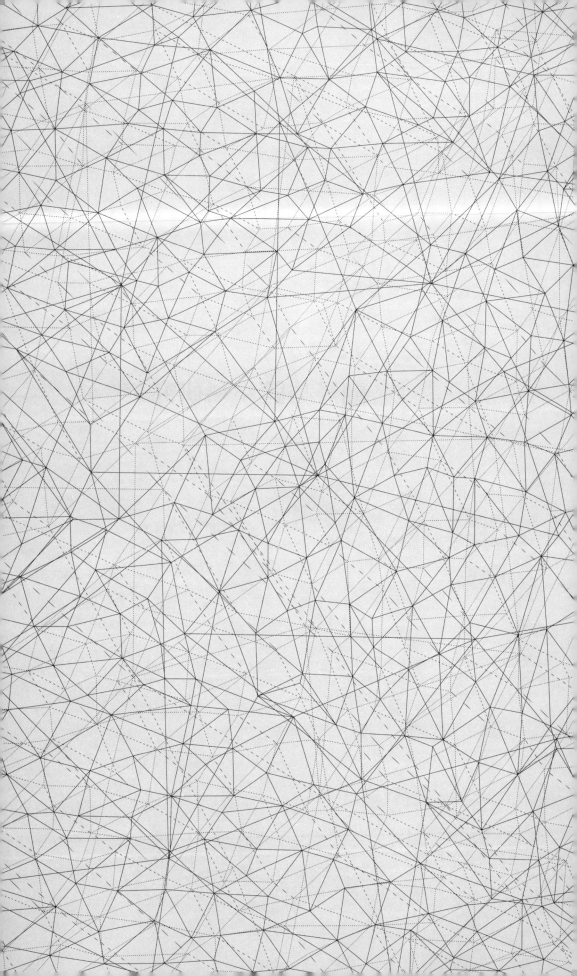

导　言

　　在这个国际交流日益频繁、文化冲突不断的时代，翻译活动仅围绕"忠实"而展开是远远不够的，我们应拓宽研究视野，开展跨学科翻译研究。翻译研究从本质上具有跨学科性，它借助语言学、文学、社会学等多种学科丰富自身，又以自身作为联结点，使得其他学科以马赛克的形式互通互融。文化记忆与翻译具有共生的关系，翻译的文本需要依靠集体记忆来完成。在翻译一部作品时，译者面临的不仅仅是原作，还有原作背后形形色色的因素，如前文本、语义场、社会习俗、评论等。此外，译者还要考虑译入语的社会文化因素、已有的译本、目标语读者的文化心理期待等。由于翻译是一种文化传播活动，所以，它必然要考虑文本的协调性和可持续性。如果翻译活动不能产生经典，它就无法在集体记忆中存活，也无法成为仪式、庆典或固化媒介，最终会为人们所遗忘或抛弃。中国的翻译理论研究目前仍处在阿斯曼夫妇所说的交往记忆阶段，即个人记忆如何在集体沟通中得到实现，还未能上升到文化记忆，即超越个人，超越语言与文本的层面。说到底，就是缺少一种宏观的文化记忆的终极关怀。我国源远流长的翻译史和丰富的译学资源带着深厚的文化记忆，因此，文化记忆与翻译研究的结合不仅能从根本上推动我国翻译研究向纵深发展，而且将促进中国文化走出去。我们自己和世界对中国文化和中国翻译都需要有一个真实而完整的记忆。

翻译界对归化和异化的讨论很多，散见于国内的各种外语类刊物，但不少文章只是停留在语言研究的层面上，曲解了后殖民理论参照体系中的归化／异化问题。在归化和异化翻译的讨论中，最明显的误区是将归化与异化翻译等同于直译与意译。直译和意译是翻译的两种主要方法，它们并不是彼此排斥的，相反，它们是互补的。在同一个翻译中，直译和意译都可能有，在有些文体中，意译会多一些，而在另一些文体中，直译可能会多一些。与直译和意译不同，西方学者所说的归化／异化翻译是处于政治意识形态中的两个对立的概念，不存在调和或妥协。国内有关归化／异化翻译的讨论，需要辩证地对待。20世纪，我们在响应西方学者提出的归化／异化翻译主张的同时，提高了欧化翻译，然而往往都是归化论占上风。到了今天，虽然仍存在理论上的误读，但这并非坏事。当前关于异化的呼吁和实践创造了异化与直译前所未有的大好局面，使翻译研究从过去的语言层面上升到文化层面，直译的方法得到广泛认可。

我国的翻译与翻译研究呈现出一派欣欣向荣的景象，但在建构中国的翻译理论与中国形象方面尚有很大的提升空间。翻译研究要有大格局，要有多角度，要从国家战略的高度来思考翻译与文化传播、文化传承的关系。"大翻译"是文化记忆理论视域下中国形象建构与文化传播的"全方位""立体化"发展理念，有利于形成翻译跨学科研究的理论纽带，促进我国自成体系的翻译研究系统成形，是有关中国形象建构与文化传播的新认识。以往我们的翻译多聚焦在个体行为之上，所产生的文化记忆是个体的、碎片化的，如果放在一个国际平台上来看，其影响十分有限。要产生一种集体文化记忆，需要宏大叙事，需要大翻译，从而在整体上提升影响力和关注度。可以肯定，翻译强国，一定是那些具备大翻译特征，个体文化记忆与集体文化记忆都具有鲜明特征的国家。在大翻译的思路下，翻译和翻译研究要更好地服务于中国形象的建构与文化传播，立足于当今世界格局，不仅要创造优秀的翻译作品，还要通过翻译促进人类文明交流。在大翻译框架下，典籍翻译资源可实现深挖和阐发，历时与共时并重，翻译与阐述共生，文字符号与艺术行为相生，让大翻译在集体文化记忆层面上发挥重大的作用。

十一 文化记忆与翻译研究[51]

1. 引言

文化记忆是近年来学术界研究的热点，涉及的学科有新闻学、文学和文化批评、社会学、人类学、心理学、历史学、经济学等。文化记忆理论之所以热门，关键在于它具有很强的融合力和跨学科性，能够提供一个常常被学者们忽视但崭新的研究视角。

关于记忆的最初研究，有法国学者哈布瓦赫和德国学者瓦尔堡提出的集体记忆和社会记忆概念，其研究打破了以往将记忆看作个体现象的传统。在他们看来，不具有社会性的记忆是不存在的。记忆的社会性"有两层含义：首先，它产生于集体又缔造了集体；其次，个人记忆属于群体记忆。人们不是单纯地活着的，人们是在与他人的关系中进行回忆的；个人记忆正是各种不同社会记忆的交叉点"（冯亚琳、埃尔，2012：23）。然而，文化记忆理论的缘起却发生在20世纪末期，其倡导者为德国的扬·阿斯曼和阿莱达·阿斯曼夫妇。

扬·阿斯曼指出了文化研究的两项任务：协调性和可持续性。协调性旨在建立一个符号体系，并在技术和概念的层面上提供一个参与者能够交流的场。在这个意义上，协调性可以是共时的。可持续性要求文化的任务从共时转向历

---

51 原载《中国外语》2014年第3期，1页，41—44页。

时，这一任务是靠记忆来完成的。记忆则是以编程和繁殖原则为基础的再生产，该原则使文化的模式得以延续（冯亚琳、埃尔，2012）。于是，记忆成为文化研究的焦点或枢纽。在《文化记忆》一书中，扬·阿斯曼对交往记忆与文化记忆做了详细的区分。前者的内容是以诸多个人生平为框架的历史经验，通过日常生活的互动产生，形式模糊，媒介是个体的记忆、经验，没有特定的载体。同时代人拥有个体的交往记忆，涉及的时间范围是当下近百年，大概包括三四代人，并且旧的交往记忆不断为新的所替代。后者的内容是具有神话色彩的历史起源，属于绝对过去的事件，它是被创造出来、具有高度的形式性、表现为仪式性传播的节日庆典，它拥有固定的物化媒介，这就是以神话、图像和舞蹈等进行的传统性、象征性编码/排演，它有特定的传统载体，涉及的时间是绝对的过去，指的是具有神话色彩的原初时代（转引自王建，2012）。扬·阿斯曼是古埃及学家，他的研究着眼于过去，带有浓郁的人类学、考古学、社会学的色彩。

阿莱达·阿斯曼研究的是文学，她的文化记忆理论关注的时间是当代。阿莱达·阿斯曼扩展了文化记忆理论，建立起复杂的概念体系，用于分析现当代文学及其背后的文化历史内涵。她讨论了记忆的三个维度：神经维度、社会维度、文化维度。她探讨的主要问题是文化记忆的产生、构成、主动与被动、记忆与遗忘的关系，在记忆与遗忘的基础上区分了文化记忆中的功能记忆与存储记忆，将它们形象地比喻成博物馆的展品和非展品。她认为功能记忆是"被居住"的记忆，与特定的主体有关，影响主体的建构，由负责含义的要素构成，进入这一空间的内容要按照严格的标准筛选。这一过程就是经典化过程，这些内容属于主动记忆的内容，始终为人所知晓。存储记忆是"未被居住"的记忆。存在于主体，由无形无序的内容构成，它的空间要大得多，标准要宽松得多，这些内容属于被动记忆的内容，不为人所知晓。不过两者之间的界限是模糊的，两者可以相互转化（转引自王建，2012）。

文学研究的文化记忆后来在安斯加尔·纽宁、阿斯特莉特·埃尔、奥利弗·沙伊丁、多罗塞·贝克等人的研究中得到了发展。阿斯特莉特·埃尔和安斯加尔·纽宁在其纲领性的文章《文学研究的记忆纲领：概述》中提出了文学研究的五种纲领：文学的记忆、文学体裁作为记忆的场所、经典书籍和文学史作为文学和社会的机构化记忆、记忆的模仿、文学在历史记忆文化中作为集体记忆的媒介。这篇文章为后来的文学文化记忆研究画出了一个路线图，大大影响了后来的文化记忆研究。

互文性也成为文化记忆研究的一部分。其理论假设是，既然文学作品是在其他文本在场的情况下产生的，那么每个文本对自身的描述也发生在一个由文本组成的记忆空间中。由于文学记忆的介入，互文性的共时和历时研究就显得更加重要，互文性的记忆构想就包括了巴赫金的文本对话理论、后结构主义中将文化与符号等同的观点、互文性作为文学研究的方法、互文性和文化符号学（冯亚琳、埃尔，2012）。

以上种种概念都与翻译研究相关，具有可移植性。翻译研究者可以从跨学科的角度吸取其中的营养，获得启迪。

2. 文化记忆与翻译的关系

文化记忆与翻译是什么关系？笔者认为，它们具有共生关系。翻译的文本需要依靠集体记忆来完成。例如，在翻译莎士比亚作品时，译者面临的不仅仅是原作，还有原作背后形形色色的因素，如前文本、语义场、社会习俗、评论等。此外，译者还要考虑译入语的社会文化因素、以前的译本、目标语读者的文化心理期待等。由于翻译是一种文化传播活动，所以，它必然要考虑文本的协调性和文本生产的可持续性。如果翻译活动不能产生经典，它就无法在集体记忆中存活，也无法成为仪式、庆典或固化媒介，最终会为人们所遗忘或抛弃。所以，翻译是文化性的，在共时的维度中，具有协调性；在历时的维度中，具有可持续性。

文化传播与文化记忆紧紧相连，传播常常可以通过翻译的形式在时空中扩展，这就使得传播信息在异域得以暂时存储，从而在异域得到进一步传播。传播信息外化为存储物——译本，译本在被阅读的过程中又重新转化为信息。这种对信息的多环节的存储和异时空的重现，实际上就是扬·阿斯曼所提到的记忆与回忆。翻译的文本在传播中可能出现比原著更好的命运，例如，波斯诗人海亚姆的《鲁拜集》英译本成为英语经典文本，被收入了《诺顿英国文选》（Greenblatt & Abrams，2006）。黄克孙的《鲁拜集》中译本也广为流传，被比喻为佛教所言的投胎转世（奥玛珈音，2010）。

前面讲到扬·阿斯曼的交往记忆与文化记忆（冯亚琳、埃尔，2012），前者是短时性的，后者是长时性的。这种理论运用到翻译中同样是适用的。比如，交际性翻译的短时记忆可以表现为：（1）译家采访（短时记忆）；（2）内容：研究译家生平与翻译经验；（3）形式：对译家的非正式采访、电子邮件交流等；（4）编码：存在于器官记忆中的有关翻译的鲜活记忆、经验或道听途说；（5）时间结构：通常存活于三四代人之间；（6）功用：有助于翻译文化记忆的沉淀和成形，纠正错误的翻译报道；（7）载体：作为普通的翻译报道的见证人。翻译的文化记忆可以表现为：（1）典籍翻译（长时记忆）；（2）内容：有关的典故、经典、神话传说等；（3）形式：被缔造的结构，高度成形的结构；（4）编码，存储：固定的文字、图像、碑文、岩画等；（5）时间结构：跨度追溯到远古神话时代；（6）功用：有助于颁奖、庆典、颂德、立律等；（7）载体：特殊化的传统载体。

扬·阿斯曼的文化记忆中的功能记忆与存储记忆也与翻译研究、学术研究有关。功能记忆有三种动机：合法化、非合法化、致敬（冯亚琳、埃尔，2012）。反观当今的学术界和翻译研究领域，这类记忆的动机也是存在的。合法化多与政治记忆有关，一些并不重要的翻译理论（其他理论亦同）被一些重要的学术机构或具有影响力的学者所倡导，占据了制高点，进而合法化，成为主流理论的号角。而出于某种压力，处于弱势的、蒙昧状态的接受群体也会随之迎合，使这些翻译理论在一段时间内合法化、权威化。非合法化则因主流的、处于权力中心的理论对处于边缘位置的理论的统治和压迫而出现，但这些处于边缘的理论并不甘心因此善罢甘休，便想尽办法，不断地回忆，想着本该属于它的真实的模样，于是开始了从边缘走向中心的努力。致敬的动机就是利用过去，将某种理论固化在社会记忆之中，这种效果通常是靠庆典和仪式来获得的。如侵华日军南京大屠杀遇难同胞纪念馆的建立就是将日本侵华军队屠杀中国老百姓的事实用符号（包括文字的、图片的、档案的表现形式）固化下来，留在历时性的集体记忆之中。2012年，莫言获诺贝尔文学奖时，曾邀请译者葛浩文等一同出席颁奖典礼，也是向译者致敬，这一举动将作者与译者、作品和译本充分彰显出来，成为文化记忆，成为一种集体认同的象征性的表达方式。莫言对译者所表现出来的一贯的尊重，让他在文学创作中得到了丰厚的回报。

存储记忆与政治诉求联系在一起，其特点是距离化、双重时间化和个体化。唐太宗时期，佛教得到蓬勃发展，享受着合法化的待遇，佛经翻译也处在鼎盛时期。公元644年，玄奘携佛经657部载誉而归，另有佛像若干，与佛经一同藏在大雁塔。玄奘回国后，不仅做了大量的翻译工作，译书54卷，1 335章，而且写出了《大唐西域记》这部世界名著。然而到了唐武宗时期，宗教遭到了压制，佛教、道教均受到摧残，被毁寺院达4 600所之多，僧侣还俗者达26 500人，没收寺院土地达数十万顷（王树英，2014）。佛经的翻译也因此遭受了前所未有的打击，进入了迟钝期和间歇期。这一时期的文化记忆是距离化的。存储记忆具有分水岭的作用，区分过去与现在，产生记忆的距离，为后世所警觉。其积极的一面是，存储记忆为不同的功能记忆提供了外部视角。从这个外部视角出发，可以使过去狭隘的视角相对化、被批判，尤其是被改变（冯亚琳、埃尔，2012）。所以说，存储记忆可以成为功能记忆的修正器。功能记忆与存储记忆的界限之间具有高度的渗透性，这正是它们得以持续更新的前提。

中国的翻译理论研究目前仍处在扬·阿斯曼所说的交往记忆的层面上，即个人记忆还未能上升到文化记忆，未能超越个人，超越语言与文本。说到底，就是缺少了一种宏观的、文化记忆的关怀。这与中国当代知识分子思想意识的高度有关，他们中的大多数人都怀有急功近利的心态，不能认清翻译与翻译研究的本质特征，不能认清翻译文化传播的历时功效，于是，把翻译视为简单的复制，认为翻译是次要的和第二性的。其实翻译的作用非一般的技艺学科可以比拟，即便在思想领域里，它也是领先的。20世纪末以来，翻译研究者常常引用本雅明的"翻译乃原作后起的生命"，殊不知，本雅明的本意走得更远。贝勒·博罗德兹克在其研究中引用德里达的语录对本雅明的观点做了如下补充：

"翻译作品不仅仅有更长的生命，而且活得更加优裕和越发优雅，超出了原作者的生活水准（The work does not simply live longer，but lives more and better，beyond the means of its author.）。"（Brodzki，2007：2）这不是来自一个翻译理论家的自我欣赏，而是出自一个文化学者的清醒认识。

需要注意的是，文化记忆有反面甚至是负面的表现。在某一个时期，翻译可能会受到政治因素或宗教因素的影响，译者便会采取特定的翻译策略或翻译方法。如果遇到时空迁移，这些文化记忆就有可能发生改变。在20世纪50年代的中国，苏联文学翻译盛行，俄语是中国人学习外语时选择的第一大语种。到了20世纪60年代初期，中苏关系破裂后，俄语翻译几乎进入了沉寂时期。

3. 文化记忆与翻译的案例研究

在这个部分，我们将就文化记忆的有关论述做一个翻译的案例分析，以验证文化记忆理论运用于翻译与翻译理论的可行性。前面谈到的存储记忆有几个特征：（1）翻译存储记忆的残存可以造成社会惯性和迟钝；（2）特定的翻译因素可能会受到某一外来的因素的影响而被激活；（3）翻译的存储记忆可以成为功能记忆的修正器（冯亚琳、埃尔，2012）。

下面，我们将使用文化记忆中存储记忆的几个特征对鲁迅的"硬译"进行案例分析。

鲁迅为了改造中国文化，唤醒当时昏睡的百姓，决定先改造文学。要改造中国的文学，就必须从改造中国的语言入手。由于中国当时的语言（文言）语汇不够丰富，句式结构不够明晰，他便通过翻译来改造中国的语言，所使用的翻译方法为"硬译"。鲁迅是一个文化先驱者，他推崇的翻译主张未得到广泛认可，他的译文当时也被很多学者所诟病，这些我们不难从鲁迅与赵景深、梁实秋等人的翻译论战中发现。这种翻译的存储记忆后来导致了一些错误的认识，即鲁迅的翻译实践证明其"硬译"的翻译理论是不可行的。这种记忆的残片进而招致了翻译界的一种理论惯性和学术思想的迟钝。这种迟钝因袭相传，甚至影响了外国学者对鲁迅的评价。韦努蒂是推崇鲁迅的，他让鲁迅在海外获得了更高的接受度。但在谈到鲁迅的译本《域外小说集》时，他在一段引文中指出，鲁迅采用文言翻译，译文中夹杂着大量的日文假名和音译欧洲人名等。他甚至提到鲁迅的译本印刷了1 500本，仅卖出40本多一点（41本）这一事实（Venuti，1998）。韦努蒂并不懂中文，他实际上是被来自中国文化记忆中的那种根深蒂固的、迟钝的记忆残片所误导，从而做出了一个错误的评判。鲁迅对人名和地名的翻译处理方法是他那个时代的人共同存在的问题，只不过在鲁迅这里表现得更为明显一点而已。

鉴于鲁迅在中国文学和中国文化的建设方面做出的辉煌成就，学界对他的翻译理论和翻译实践的贬责还算不上激烈。但从文化记忆的角度来考量，已发表的有关鲁迅翻译实践和研究的论文，数目少得可怜，鲁迅的"硬译"理论所产生的学术影响也远远无法与韦努蒂的理论相比。两者的理论在学理上有惊人的相似，不同的只是它们产生的时代背景，为什么结果却相差如此之大呢？"硬译"理论是经过鲁迅考证的，它在古今中外都是有理论基础的。在引介外来文化方面，它能起到至关重要的作用，是归化翻译所不能达到的。鲁迅之所以提倡"硬译"，还因为在当时的翻译界，优秀的译家少之又少，在使用归化翻译策略的译作中充斥着假货、水货，不仅误人，还有"谋财害命"之嫌。"硬译"译文虽然一时难读，但"也许总有人会多少吸收一点，比一张空盘较为有益"（鲁迅，1973：148）。中国翻译学术界对鲁迅翻译研究所持有的残缺的文化记忆说明了一个学术心态问题。学术界不认真思考一些深层次的东西，往往对一种文化现象或学术思想浅尝辄止，不能挖掘中国的文化资源，建构宏大的文化记忆，所以在理论上只能跟在西方学者后面亦步亦趋。

1998年，韦努蒂出版 *The Scandals of Translation: Towards an Ethics of Difference*（《翻译的丑闻：走向差异伦理》），其后，"异化翻译"便席卷中国。根据笔者对"中国知网"收录的论文情况的统计，1999年至2005年短短几年时间里，有关"异化翻译"的研究文章竟达360篇，同时期有关鲁迅"硬译"研究的文章仅30余篇，但这个数字已经比1949年至1998年有关鲁迅"硬译"研究的文章的总和还多。外来因素极大地刺激和影响了"硬译"研究，不少学者开始重新思考鲁迅的翻译作品和鲁迅对翻译的论述。

韦努蒂在其书中专门安排了一章来谈论鲁迅的"硬译",这充分显示了他对鲁迅的重视和敬仰。但在谈到鲁迅"硬译"理论的来源时,韦努蒂认为,鲁迅在留学日本时,受到西方翻译理论家如泰特勒、歌德、施莱尔马赫等人的影响,结合中国本土的翻译理论,于是就形成了他的"硬译"主张(Venuti,1998)。在这个问题上韦努蒂被第二手资料所影响,表现出了其少见的狭隘历史观,回到了赛义德所批判的"东方主义"的立场之上。在文化记忆的建构中,我们应该对这类错误的交往记忆进行矫正。因为,翻译的存储记忆可以被看作功能记忆的修正器。笔者曾经参阅有关鲁迅藏书研究的论述(叶淑穗,1991),以及有关佛经翻译的专题论述等来证明鲁迅从来没有在翻译理论上模仿过西方。相反,他的理论来自有着两千年历史的中国佛经翻译。笔者检索了1981年出版的《鲁迅文言语汇索引》(丸尾常喜等,昭和56年)和《鲁迅日记中的人名索引》(Chan & Wang,1981)两本书,根本找不到泰特勒或施莱尔马赫的名字。也就是说,作为存储记忆形式的辞书和索引根本无法证明鲁迅曾经看过西方学者的翻译理论书籍。即便书中有歌德名字的检索,可那是鲁迅在向中国读者推荐歌德的著作《浮士德》及有关文学作品,与翻译理论毫无关系。国外学者在讨论中国学术问题时,类似的扭曲的和残缺的文化记忆还不少。我们应该运用文化记忆理论对它们进行矫正,保持真实的文化记忆对我们自己和西方学者来说,都是一件有益而且十分重要的事情。

4. 结语

我国的翻译历史源远流长,翻译资源十分丰厚,文化记忆与翻译研究的结合,必然可以从一个侧面推动我国的翻译研究向纵深发展。翻译研究中的文化记忆是一个有待开发的课题,在中国文化大踏步迈向世界的今天,它变得十分重要。因为,我们自己和世界对中国文化、中国翻译都需要有一个真实而完整的记忆。

参考文献

- 奥玛珈音. 鲁拜集 [M]. 黄克孙，译. 台北：书林出版有限公司，2010.
- 冯亚琳，埃尔. 文化记忆理论读本 [C]. 北京：北京大学出版社，2012.
- 鲁迅. 鲁迅全集：第5卷 [M]. 北京：人民文学出版社，1973.
- 丸尾常喜，等. 鲁迅文言语汇索引 [C]. 东京：东洋大学东洋文化研究所，昭和56年.
- 王建. 从文化记忆理论谈起——试析文论的传播与移植 [J]. 学习与探索，2012（11）：132.
- 王树英. 中印文化交流 [M]. 北京：中国社会科学出版社，2014.
- 叶淑穗. 鲁迅藏书概况 [C] // 北京鲁迅博物馆鲁迅研究室. 鲁迅藏书研究：鲁迅研究资料增刊. 北京：中国文联出版社，1991：1-8.
- BRODZKI B. Can these bones live? Translation, survival and cultural memory[M]. Stanford: Stanford University Press, 2007.
- CHAN P L, Wang T W. An index to personal names in Lu Hsun's diary[M]. Hong Kong: University of Hong Kong Press, 1981.
- GREENBLATT S, ABRAMS M H. The Norton anthology of British literature[C]. New York: W. W. Norton & Company, 2006.
- VENUTI L. The scandals of translation: Towards an ethics of difference[M]. London: Routledge, 1998.

十二　跨文化视域中的归化/异化翻译[52]

1. 引言

近年来，国内的外语类学刊发表了不少有关归化和异化的文章，这些文章努力将西方文学批评和比较文学理论中关于归化和异化的讨论运用于翻译理论和实践之中，有的文章高屋建瓴，从文化的角度对直译和意译做出概括，还有的文章运用关联理论来寻求归化和异化的最佳关联点，这些文章从不同的角度拓宽了有关归化和异化的研究。

但对归化和异化翻译的讨论仍存在一些误区，最明显的是将归化与异化翻译等同于直译与意译，将文学策略和文化意识形态同语言策略和翻译技巧等同起来，从而将关于归化和异化的讨论拉回到传统和经验的讨论之中。这样做有碍归化和异化翻译研究的发展。在《中国翻译》2002年第5期上，王东风（2002）和葛校琴（2002）等的文章，探讨了归化和异化翻译的研究方向及存在的问题，是归化和异化翻译研究的新成果。本文将从文化和语言的层面探讨翻译的归化和异化问题。

---

52 原载《外语学刊》2004年第1期，102—106页。

2. 关于直译与意译

直译与意译是归化和异化讨论的源头，不少学者常常把它们放在一块来讨论。王东风在《归化与异化：矛与盾的交锋》一文中对它们做了比较深入的探讨。文章开门见山地指出，"归化与异化之争，是直译与意译之争的延伸，可谓由来已久"。但他没有将它们简单地归于一类，而是指出："归化和异化可看作直译和意译的概念延伸，但并不完全等同于直译和意译。……如果说直译和意译只是语言层次的讨论，那么归化和异化则是将语言层次的讨论延续升格至文化、诗学和政治层面。也就是说，直译和意译之争的靶心是意义和形式的得失问题，而归化和异化之争的靶心则是处在意义和形式得失旋涡中的文化身份、文学性乃至话语权力的得失问题。"（王东风，2002：24–25）笔者基本上赞同上述观点，并将就直译/意译与归化/异化翻译补充一点自己的看法。

在谈到直译和意译时，人们常常用到英文词语literal translation和free translation。直译时人们关心的是语言层面的技术处理问题，即如何在保持源语形式的同时，不让其意义失真。意译认为语言有不同的文化内涵和表达形式，当形式成为翻译的障碍时，就要采取意译。还有人提出形合、意合来与直译、意译对应。在中国的翻译史上，赞成直译和意译的均大有人在。初期佛典翻译中的"文质论"，唐代玄奘的"求真"与"喻俗"，近代严复的"信、达、雅"，鲁迅的"宁信而不顺"，赵景深的"宁顺而不信"，都是从直译和意译的角度来探讨翻译的原则。

我们并不反对将直译/意译同归化/异化翻译放在一块讨论，但我们应该注意到它们之间的差异。以往，有关归化/异化翻译同直译/意译的相似性的讨论多一些，它们之间的差异却没有得到充分的讨论。直译和意译是翻译的两种主要方法，它们并不是互相排斥的，相反，它们是互补性的。在同一个翻译文本中，直译和意译都可能有。这与文体有关系，在一些文体中，意译会多一些，而在另一些文体中，直译可能会多一些。关于直译和意译的讨论，译界已基本上达成共识。直译和意译不等同于有些人所说的死译和胡译。鲁迅和其弟周作人的直译作品《域外小说集》曾招来许多批评，被视为直译的代表。一些学者谈到鲁迅，必提到他的翻译主张"宁信而不顺"，而忽略了其他。其实，鲁迅对直译的真正含义的解读正如他在原收录于《且介亭杂文二集》的《"题未定"草》中所说的："凡是翻译，必须兼顾着两面，一当然力求其易解，一则保存着原作的丰姿。"（鲁迅，1984：246）可见，鲁迅并非不要顺，只是在两者不可兼得之时，才宁取信而舍顺。鲁迅的"硬译"不是生搬硬套，也不是逐字翻译，而是在引介外国进步文学作品的同时，努力输入新的表现方法来丰富汉语的句法与语汇。"易解"与"丰姿"才是鲁迅关于直译的真正内涵。那么，周作人又是如何看待直译的呢？1925年周作人在其《陀螺序》中提到："我现在还是相信直译法，因为我觉得没有更好的方法。但是直译也有条件，便是必须达意，尽汉语的能力所及的范围内，保存原文的风格，表现源语的意义，换一句话说就是信与达。"（周作人，1984：111）什么样的翻译是死译和胡译呢？周作人用了两个很有趣的例子。如英文 lying on his back，如果译成"卧在他的背上"便是死译，如果译成"袒腹高卧"便是胡译，它的直译应该是"仰卧着"。可以说，周氏兄弟把直译和意译问题谈得很透了。我们今天偶然还能看到一些关于直译和意译的讨论，但有新见者鲜少。

翻译的归化/异化（domesticating translation and foreignizing translation）是美国学者韦努蒂于1995年提出的，该术语源自德国学者施莱尔马赫于1813年宣读的一篇论文。施莱尔马赫着重探讨了翻译与理解之间不可分割的关系，指出翻译有两种情况：让读者靠近作者，或让作者靠近读者。如果让读者靠近作者的语境，他就能感受到异国的情调。在这儿，施莱尔马赫使用了 foreign 一词（陈德鸿、张南峰，2000）。根据上述两种翻译情况，施莱尔马赫提出了以作者为中心的译法和以读者为中心的译法，这一做法突破了传统的直译和意译的界限，对后来的学者产生了很大的影响，韦努蒂的归化/异化观无疑受到了施莱尔马赫的理论的启发。不过，施莱尔马赫的理论是基于德国阐释学的，对翻译的哲学思考，而韦努蒂却将施莱尔马赫的论点放在后殖民语境下来考察，从而得出了异化翻译的主张，是对翻译的文化思考。

韦努蒂为什么十分青睐异化翻译的主张呢？我们可看看他在《翻译再思》

一书中的一段话。他十分欣赏布朗绍的名言，并以突出的位置将它引用在自己的文章中。翻译是纯粹的差异游戏：翻译总得涉及差异，也掩饰差异，同时又偶尔显露差异，甚至经常突出差异。这样，翻译本身就是这差异的活命化身（Venuti，1992）。在他看来，差异在翻译中被弱化的原因有二：其一，长久以来，翻译的讨论被遮蔽了，它在以目的语为坐标的价值体系中处于边缘化地位，差异非但没有活现，反而处于融化的过程之中；其二，第二次世界大战后，英美英语的价值标准形成了全球性的优势，确定了英美国家主体文化的语境。这种语境只接受符合英美文化的意识形态的外语文本，对其他的意识形态则加以排斥。在这样一种背景下，以英语为目的语的归化翻译为了迎合接受者的口味，总是依照译入语的特定的政治、文化、意识形态的规范对译入文本进行调整，于是，弱势文化只得听从英美文化的摆弄，成为殖民者进行文化殖民的工具（Venuti，1992）。

近10年来，我国有关归化与异化翻译的讨论，是从1987年在《现代外语》上登载的论文《归化——翻译的歧路》开始的。然而，该文作者不会料到归化与异化会作为一对新的理论范畴得到广泛的讨论。正如我们前面讲到的，作为翻译技巧，归化和异化是互补的，而西方学者讨论的归化与异化却是相互排斥的。美国学者韦努蒂在讨论异化翻译时，对归化翻译的策略做出了描述：遵守目标语文化当前的主流价值观，公然对原文采用保守的同化手段，从而使译文符合本土典律、出版潮流和政治需求。归化翻译的最大特点就是采用流畅地道的目的语（英语）进行翻译，在这类翻译中，翻译者的努力被流畅的译文所掩盖，译者为之隐形，不同文化之间的差异也被掩盖，目的语主流文化价值观取代了译入语文化价值观，原文的陌生感已被淡化，译作由此而变得透明。从后殖民理论中吸取营养的异化翻译策略则将归化翻译视为殖民和征服的共谋、文化霸权主义的表现。所以，韦努蒂提倡异化翻译策略。根据这一策略，译者和译语读者要在翻译的过程中努力摆脱来自强势文化的羁绊。异化翻译并不是对应的翻译，并不能提高译文的忠实性。后殖民学者罗宾逊认为异化翻译与直译和逐字翻译相关，只是没有直译那么极端，因为他们在翻译中并不恪守原文句法序列中的个别词语的意义，但却坚持要保留原味（王东风，2002）。在异化翻译中，新的东西可能会加进去，从而凸显译者的身份，提高翻译的地位，并且对翻译的文化霸权进行有力的回击。

可见，韦努蒂等西方学者的归化/异化翻译是处于政治意识形态中的两个对立的概念，处在话语权力的两个极端，它们不存在调和或妥协。这与我们前面讨论的直译/意译明显不同。但很多讨论是把它们当作同层次的概念来对待的，这样做可能会带来理论上的误解和实践上的困惑。

3. 英汉语中的归化/异化

在英汉语中，归化与异化的内涵究竟有多丰富？这是我们在研究和讨论归化/异化与直译/意译时需要注意的问题。韦努蒂是用 domesticating translation/foreignizing translation 来表达归化/异化翻译的，它和我们以往探讨的 free translation/literal translation 有某些相似之处，但就其本质而言，存在明显的差异。当我们说直译/意译和形合/意合时，前者是方法，后者是结果，如果我们说神似和形似，则是对这一结果的描写。在后殖民理论的参照体系中，归化/异化与直译/意译是两个不同的范畴，犹如两个圆，其边缘只有小部分重叠。归化/异化翻译结果不能用形似和神似来描述。归化和异化都是翻译策略，在实践中，直译、改译、增译等方法都可能被采用。作为一对专有翻译术语，domesticating translation/foreignizing translation 只在最新的英文学术著作中得到阐述。而 free translation/literal translation 则不然。"看一个翻译是归化翻译还是异化翻译，完全取决于文化形态的重构，翻译在这一形态中得到生产和销售。归化或异化只有在考虑到改变译入语文化的价值关系时才能得到界定"（Baker，1998：243）。

"当前在对'归化'问题的认识上，译界同仁应该区分归化论的两种前提：一是忠实原则下的归化，二是非忠实前提下的归化。前者总体上是规定性的，后者则是描述性的；前者是源语中心论的，后者则是译语和译语文化取向的。"（葛校琴，2002：33）这一区分基本上是对的。然而，我们还可对它们的性质做出区分：忠实原则下的归化是语言层面的，关心的是翻译的艺术效果，是一种翻译方法；非忠实前提下的归化是文化层面的，关心的是翻译的意识形态，是一种翻译策略。至今，我们讨论的翻译研究存在两种不同的归化和异化：一种是韦努蒂的术语，已在前面提到；另一种是在中国反复使用的归化/异化，英文常用 localization or adaptation 和 alienation 来指代它们。归化和异化翻译表现为文化的思考，从翻译的意识形态看其对文学乃至文化产生的影响，归化/异化属于文学批评和哲学范畴。将带有后殖民解构意义的异化一词运用到翻译之中是近几年的事，反映在翻译实践上，主要体现为以书写符号为表现形式的文学翻译。西方学者曾用一个图来大致显示著名学者杰罗姆对不同性质的翻译所做的区分（Baker，1998）。根据当前关于归化/异化的讨论，笔者也想借用图2来揭示它们之间的差异：

(1) (If translation is carried out on the dimension of linguistics)

$$\text{Translation as art} \begin{cases} \text{assimilation} \begin{cases} \text{free} \\ \text{sense—for—sense} \end{cases} \\ \text{alienation—word—for—word} \end{cases}$$

(2) (If translation is carried out on the dimension of cultural studies)

$$\text{Translation as ideology} \begin{cases} \text{domesticating (colonializing)} \\ \text{foreignizing (decolonializing)} \end{cases}$$

图2　翻译的归化/异化

图2说明传统意义上的归化/异化和现代意义上的归化/异化具有不同的功能与目的。在汉语中，我们用同样的词语来表示它们，但在英语中，语言层面的归化/异化是用 assimilation/alienation 来表达的，而文化层面的归化/异化是用 domesticating/foreignizing 来表达的。当然，我们也可像处理"文化"一词的定义一样，用首字母大写的 Domesticating/Foreignizing 来指文化层面上的归化和异化，用首字母小写的 domesticating/foreignizing 来指语言层面上的意译/直译。首字母小写的归化/异化是意译/直译的延伸与发展，而首字母大写的归化/异化是对意译/直译的革新，开拓了翻译研究的新领域。

4. 归化与异化的理论与实践

将归化/异化和直译/意译现象等同的问题在葛校琴的文章中得到了讨论。葛校琴在探讨这一对概念时参考了Gentzler的做法，即抛开归化/异化的当下语境，根据其字面意思来考虑问题（Gentzler，2001）。归化/异化这两种翻译倾向自有翻译以来就经常交锋，在20世纪，有围绕鲁迅的"硬译"而展开的洋化与归化之争。在此以前，严复、林纾、梁启超等人的翻译，均可视为归化翻译。"鲁迅的'硬译'及他的翻译思想是出于他'反对封建主义，改造国民性'的理念。但鲁迅的意图招致了误读，'硬译'的倡议最终淹没在归化论的喧嚣声中。后来傅雷的'神似'论、钱锺书的'化境'说可以说都是归化论的延伸。可见，对归化/异化的讨论往往都是归化论占上风，虽说大家都赞成要保留洋味。"（葛校琴，2002：33）葛校琴的文章是针对国内兴起的新一轮有关归化/异化的讨论而写的。因为在这次关于归化/异化的讨论中，人们几乎一边倒地认为翻译应该提倡异化。

客观地说，葛校琴的提醒不无道理。但笔者觉得国内有关归化/异化翻译的讨论，要辩证地看待。我们在响应西方学者提出的归化/异化翻译主张的同时，提高了欧化翻译，即当年鲁迅所提倡的、受到梁实秋等人诘责的"硬译"的地位。当年鲁迅曾希望通过翻译来传达新思想，为中国的语言引进新的表现形式，从而给中国文化输入新的血液，带来新的生机。遗憾的是，在整个20世纪，有关归化/异化的论争都是归化论占上风。虽然今天仍存在理论上的误读，但我们接受了韦努蒂等西方学者的观点。尽管在实践中，这些观点被误解了，但这种误解并非坏事，当前关于异化的呼吁和实践创造了异化和直译前所未有的大好局面，使翻译研究从过去的语言层面上升到文化层面，直译的方法得到广泛认可。

5. 结语

关于两种不同层面的归化与异化的讨论还会继续下去，它们谁也取代不了谁。但在中国特定的语境下，我们对文化层面的归化／异化问题要做更多的思考。因为这一讨论不仅对翻译研究本身，对文化人类学、社会学、比较文学等也都将产生积极的影响。

参考文献

- 陈德鸿，张南峰. 西方翻译理论精选 [M]. 香港：香港城市大学出版社，2000.

- 葛校琴. 当前归化/异化策略讨论的后殖民视阈 [J]. 中国翻译，2002（5）：32-35.

- 鲁迅. "题未定"草 [C] //《翻译通讯》编辑部. 翻译研究论文集（1894—1948）. 北京：外语教学与研究出版社，1984.

- 王东风. 归化与异化：矛与盾的交锋 [J]. 中国翻译，2002（5）：24-26.

- 周作人. 陀螺序 [C] //《翻译通讯》编辑部. 翻译研究论文集（1894—1948）. 北京：外语教学与研究出版社，1984.

- BAKER M. Routledge encyclopedia of translation studies[M]. London and New York: Routledge, 1998.

- GENTZLER E. Contemporary translation theories[M]. Clevedon: Multilingual Matters, 2001.

- VENUTI L. Rethinking translation: Discourse, subjectivity and ideology[M]. London & New York: Routledge, 1992.

十三 大翻译与文化记忆：中国形象的建构与传播[53]

1. 引言

翻译的作用在一个民族的文化转型时期显得尤为重要，其功能没有其他学科可以替代，它与一个国家的现代性、一个民族的振兴息息相关（罗选民，2012）。随着国家对中华学术外译日益重视，各种翻译精品工程项目增加，加上学术界对中国典籍外译所表现出来的热情和痴迷，我国的翻译与翻译研究呈现出一派欣欣向荣的景象。我国迎来了新一轮的翻译高潮，对外翻译的工作量早已超过了外译中，已经从一个输入型翻译市场变成了输出型市场。随着中国经济的国际化和文化走出去的步伐不断加快，这种趋势会进一步发展（黄友义，2015）。由于国家对翻译研究和实践的重视，近年来大量涉及翻译研究的项目得以立项，其中不乏国家级、省部级的项目，例如，2015年获得立项的五项外国语言学类国家社会科学基金重点项目，全部涉及翻译研究。此外，翻译研究的新刊也不断出现，如《东方翻译》《亚太跨学科翻译研究》《翻译界》《译界》《翻译论坛》等；传统翻译刊物也纷纷设立专栏，探究当下翻译领域

53 原载《中国外语》2019年第5期，95—102页。本文系2015年国家社会科学基金重点项目"中国典籍英译的传播与评价机制研究"（项目编号：15AYY001）的阶段性成果。

出现的新问题、新现象，如"翻译与国家形象建构""中国文学'走出去'"，以及"典籍翻译研究"等。不过，我们的研究"始终缺乏一种自觉的自主性"（吕俊，2014：1），表现为盲目跟随西方的"理论失语症"，在建构中国翻译理论、树立中国形象方面尚有很大的提升空间。

2. 当下翻译研究的困局

季羡林（1996）说过，中国是翻译大国，但不是翻译强国。这个评价同样适用于中国的翻译研究。在译学理论认知的广度、深度和创新度等方面，我们与西方学者仍然存在很大差距，用积极的话说就是"发展空间仍然巨大"（谭载喜，2012：8）。这样说的根据是，我国翻译研究在当今世界上的影响力还十分有限，拿不出重量级的学术成果，无法同西方学者保持平等的对话。有学者把这种现象称为"失语症"（曹顺庆，1996）。罗新璋于1983年在《中国翻译》上连发两篇文章呼吁建立自成体系的中国翻译研究。令人遗憾的是，我国翻译研究的现状依然是有山头，却找不出学派，这一现象值得我们深思。导致这种现象出现的原因有很多，例如，英语作为一种语言处在国际学术界的中心地位，西方中心主义思想长期存在，以及中国的学术研究在国际学术界被边缘化。

中国学者素来喜欢外来理论胜于本土理论，这一点是不争的事实。鲁迅提出的"硬译"和韦努蒂提出的"异化"有极大的相似之处。鲁迅在1909年提出了"硬译"观，而韦努蒂直到1999年才提出"异化"这一类似的概念。尽管很多中国学者熟谙鲁迅的"硬译"思想，但对韦努蒂的"异化"翻译的讨论却远远多于对鲁迅翻译思想的研究（罗选民，2016）。后来出现的为数不多的"硬译"研究，受益于韦努蒂"异化"概念在中国的引进和传播。依靠外来翻译理论来推动我国对鲁迅翻译思想的解读，这是一个值得深刻反思的怪异现象。每当西方学者提出"转向"时，我国很多学者未深思熟虑便跟着"转向"，既没有深入研究，全面把握西方翻译研究"转向"的脉络，也没有从西方哲学和西方文化的源头去领会这些理论的本质，其结果是，能真正转化为自己成果的研究寥寥无几。如此机械地照搬和套用西方翻译理论模式，只会让我们在各种"转向"中丧失自我。归根到底，这是由文化自信和文化自觉的缺乏导致的。

一种情况是，部分学者在移植西方理论时，还没有把新名词、新概念理解透彻，就急着将其应用到翻译研究上来。这样的研究缺乏学术生命力，到头来只是昙花一现而已。另外一种情况则是过分追求标新立异。一些理论研究人员缺乏理论修养，缺乏严谨的学术训练，动辄以"某某学"自居，这样的"本土"翻译理论是不严谨的，从长远来看，不利于我国翻译研究的发展。

还有，我国翻译界出现的理论"技术化"风潮也是值得关注的现象。无论文学翻译还是哲学翻译，都拿技术标准来衡量。如果没有技术参数，缺少语料库数据，翻译研究似乎就不成为研究，至少不能成为可靠的研究。这严重贬损了学术研究的思想深度与理论高度。学术研究中的思想深度代表学术创新与发展，但现在学术变成了技术，"做学问"变成了"学技术"，翻译研究因此变得十分扭曲和夸张。一些技术不过关的研究者也加入进来，简单地拿出几个从计算机软件或者语料库中得出的统计数字，就断定译文 A 比译文 B 要强，或者译文 A 受到操控的程度比译文 B 要高，如此种种。这些结论大多数是主观的，是不能自证的。这自然就应验了张柏然先生说的，"我们在追求翻译研究科学化的同时，一不小心将翻译研究的人文性也丢掉了"（张柏然、姜秋霞，1997：9），这种状况值得我们警惕与反思。我们坚决反对那些仅靠拍脑袋就拍出学术研究论文的做派，但也不能无限放大技术的作用。若用技术替代理论，中国翻译研究将永无出路。我们绝不否认工具的作用和重要性，"工欲善其事，必先利其器"。但我们应当清楚地认识到，工具是用来为科研服务的，数据与技术图表毕竟只能说明现象，而它们背后的机理和思想脉络才是终极要义，犹如从地下开采出来的矿石，如果不加工、不提炼，或者加工和提炼不到位，它永远也只是矿石，不会成为稀有金属。

目前，虽然翻译研究领域已出现部分优秀的研究成果，但始终未能形成一股合力，无法形成有影响力的学派。在翻译研究中，我们对翻译的文化传播没有给予足够的重视，更多停留在文本分析层面。译本必须得到鉴赏，必须得到传播，这个事实就决定了翻译具有超越性和互文性。处在一个国际交流日益频繁、文化冲突不断的时代，翻译活动仅仅围绕"忠实"展开是远远不够的。我们应该具备足够的文化自觉来应对我们面临的翻译研究困境，除了传统的翻译分析，我们还应该从历史钩沉、理论创新、话语主导等方面来思考翻译问题。应该拓宽研究视野，开展跨学科翻译研究。因此，翻译研究要有大格局，要有多角度，要从国家战略的高度来思考翻译与文化传播、文化传承的关系。

以往，我们的学术研究过多地围绕个体文化记忆（即个体的交往记忆）进行，忽视了集体文化记忆的重要性。传统的、单一的研究方式给我们的研究带来了局限性，造成碎片化的个体记忆（罗选民，2014）。文学翻译作品也不例外，好的译作可以给阅读者带来愉悦的感受，但这种愉悦不能促进经典的形成，因为翻译经典只有当翻译行为能够形成集体文化记忆时才能产生。同样是集体文化记忆，可能有些是区域层面的，有些是国家层面的，有些是国际层面的，其文化效力是不一样的。2016年是莎士比亚和汤显祖逝世四百周年，纪念莎士比亚的活动层出不穷，而纪念汤显祖的活动仅局限于中国，其热度甚至远逊于在中国举行的纪念莎士比亚的活动。我们引进《狮子王》电影——一部动物版的《哈姆雷特》，我们拍摄《夜宴》，用中国的宫廷政变电影来演绎莎士比亚笔下的《哈姆雷特》。由莎士比亚剧作改编的电影和演出活动，以及莎士比亚作品的重译本数不胜数。相比之下，同样是剧作家的汤显祖，其作品就没有建构起这种世界性的集体文化记忆。尽管先前有白先勇以昆曲形式将《牡丹亭》这部艺术作品搬上舞台，重新演绎，但总体来说，我们对汤显祖剧本的挖掘、重新阐释和演绎是远远不够的。集体文化记忆缺失直接影响了宏大的中国学术话语体系的建构，甚至影响了中华文化的海外传播，它关系到国家形象的建构和传播。

随着中国综合国力和国际话语权的增强，我们的理论意识已经觉醒，国际学术交流也不断深入。中国融入世界，向世界展示自身的愿望日益迫切，中国文化走向世界的呼声愈发高涨（许钧，2014）。在这一形势下，"学术话语失语症"现象有所改观，但有关如何成为"翻译研究强国"的根本问题仍亟待解决。

3. 文化记忆与翻译研究

文化记忆这个术语出自德文，后被翻译成英文，现有中文定义散乱不一，在综合众多学者对文化记忆的表述以及阿斯曼夫妇研究的基础上，我们做出如下定义：文化记忆是社会群体反复运用一系列符号象征、媒体传播、机构运作和社会实践等方式建构的，具有传播功效并在成员间共享的过往记忆。文化记忆涉及个体、机构、符号、交往、传播、建构等要素。

20世纪末期，德国的阿斯曼夫妇对早前记忆研究进行了拓展，提出文化记忆的概念，尝试围绕文化记忆建构理论。根据他们的理论，记忆可以分为交际性的短时记忆与文化性的长时记忆。前者可以是口述的记忆，也可以是一种与同代人共享的记忆，这种记忆也称新近的过去，不管怎样，其记忆长度只能追溯到三代人以内。而集体和文化记忆则建立在经验和知识的基础上。这一基础脱离活跃的载体而转到物质数据载体上。通过这种方式，回忆可以越过代际界限而保持稳定（阿斯曼A，2012）。法国学者哈布瓦赫进行了记忆研究，提出记忆具有社会属性，记忆产生于集体又缔造了集体，个人记忆属于集体记忆，是不同社会记忆网络的交叉点。个体记忆是对集体记忆的"远眺点"，这个远眺点随着我们在集体中的位置的变化而变化，并根据我们与其他环境的关系调整自身的位置（哈布瓦赫，2012）。

文化记忆理论问世已有20余年，其理论视角具备很强的跨学科性和融合力。不过，在较长一个时期内，这个理论被学界忽视了，只在近几年才成为学界研究的热点。该理论的倡导者阿斯曼夫妇认为文化与人类记忆紧密相关，文化研究有两个功能：协调性和可持续性，它们体现文化的共时维度与历时维度（阿斯曼A、阿斯曼J，2012）。协调性旨在建立符号体系，在技术和概念上提供一个参与者能够交流的场域，具有共时特征。协调性是文化文本通过延续的交往记忆来获取的。可持续性旨在把握文化的来龙去脉，关注文化的形式和内容以及媒介的生成、消失和传播。可持续性要求文化研究从共时转向历时，这样的转变离不开文化记忆的支持。很多文本是无法存留下来的，它们消失在文化记忆的汪洋大海之中。唯有将文本的言语行为与它原来的场景分离，放在一个延续千百年的时空中去诠释、改写、翻译、升级，文化记忆的可持续性才成为可能。可持续性赋予文本新的生命，文化的厚度和深度继而在这一创造活动中得到彰显。协调性和可持续性都有内容、形式、编码、交往和功用等。协调性和可持续性不是绝对对立的，而是互补的。对一个受众而言，他可能同时拥有个体文化记忆与集体文化记忆。文化历经时间的沉淀，对于一个民族史诗而言，内容是歌颂民族英雄，其形式是被缔造的、高度成形的，甚至会受到顶礼膜拜，史诗编码可能是多样的，如碑文、岩画、文字等相对固化的符号。可能来自活化的口头文学，其编码可能有固化的仪式，如吟唱、舞蹈，甚至祭祀。翻译与集体记忆由此存在共生关系。翻译一部民族史诗，如果仅仅凭文字来进行是远远不够的，不开展田野调查，不倾听族人吟唱，不扎根到文化土壤中，是无法完成的。翻译是一种文化传播活动，文化记忆、翻译、文化传播三者关系密切，对于翻译的文化传播来说，文化记忆研究就成为极具价值的热点课题。

我国当代翻译研究绝大部分是个体的、碎片化的、短时性的，虽具有共时性特点，但缺少文化记忆层面的历时性研究。要建立我国自成体系的翻译研究，必须变换视角，从文化记忆层面来思考问题，把研究注意力转移到历时研究上来，在发挥自身研究优势的同时，向着自身不足之处合力深挖下去。当下许多研究流于表象，缺乏对表象背后思想和文化脉络的系统性理解，焦点没有对准思想与理论的形成，没有考察文化的形成、发展、传承、传播、变迁、萎缩和消亡，我们的研究存在严重不足。翻译研究要从共时向历时转化，克服碎片化和随意性，从翻译文本的流传、文学与文化的传播上升到国家形象的建构，使翻译成为经国之伟业。

互文性与文化记忆息息相关。从共时到历时的转化，离不开对文化记忆的回忆和解读，回忆和解读又需要靠互文性来完成，这是一个循环过程。互文性作为文化记忆研究的一部分，其理论假设是，既然文学作品是在其他文本在场的情况下产生的，那么每个文本对自身的描述也就发生在一个由文本组成的记忆空间中（罗选民，2014）。要批判地对待以往的文本，最终形成进行文化记忆和从事科学研究所依据的框架（阿斯曼 A，阿斯曼 J，2012）。通过互文性，我们重新解读作品，解读过去的记忆，不断创造新作品，并将之传播出去。对文本的重新回忆、解读，不仅是一种翻译主体活动，还是一种文化记忆的沉淀和成形的过程。文化记忆是推动翻译研究深入发展、促进文化传播的最有力的方法。

4. 文化记忆与大翻译

以往，我们的翻译多聚焦在个体行为上，所产生的文化记忆是个体的、碎片化的，放在一个国际平台上来看，其影响十分有限。要产生一种集体文化记忆，需要宏大的叙事，需要大翻译[54]，从而在整体上提升其影响力和关注度。可以肯定，翻译强国，一定是那些具备大翻译要素，个体文化记忆与集体文化记忆都具有鲜明特征的国家。

在翻译的集体文化记忆方面，国外学术研究有很好的传统。莎士比亚作品的大翻译是很好的例子。莎士比亚不仅是英国的集体文化记忆，也是世界的集体文化记忆。莎士比亚的作品不但有多种语言的译本，而且不断被重译。一直以来，世界各地都有莎士比亚的话剧、音乐剧上演，目前依然有不少人翻译和改编莎士比亚的作品。《莎翁情史》《匿名者》是根据莎士比亚的人物和时代背景编制的影视作品；莎士比亚的《哈姆雷特》成为一些以复仇为主题的电影的蓝本，如《狮子王》《夜宴》等。莎士比亚的作品还被用作音乐题材，如柏辽兹的《奥菲欧之死》是对《哈姆雷特》主题的演绎，奎尔特的《莎士比亚诗歌三首》取材于莎士比亚的《第十二夜》，门德尔松、李斯特、霍洛维兹的《婚礼进行曲》取材于莎士比亚的《仲夏夜之梦》，2012年伦敦奥运会开幕式的主题曲

---

54 2015年7月，本人在中国英汉语比较研究会的翻译论坛（新疆）上首次提出"大翻译、大格局、大数据"，之后在"跨越边界：第一届作家、翻译家、评论家高峰论坛"（2016年，广东外国语大学）上又对这个问题进行了深入阐发。作者的短文"Big translation and cultural memory : The construction and transmission of national images"刊发在 *Asia Pacific Translation and Intercultural Studies*（Vol.1, 2017）上，根据英国劳特里奇出版社统计，发表当年的下载次数为135次。

也是由莎士比亚作品《暴风雨》演绎而成的。上述例子的共同特征是采用另一种形式，抓住蓝本的某一特征，进行发展、演绎，新的翻译形式因此出现。这种不断改写、不断演绎的方式使得一种文化记忆愈加真实、深刻、完整。要达到这一点，需要一种持久的热情和可持续发展的意识。再如白居易，日本的一些专题研究甚至比在中国的相关研究还要透彻。日本人非常喜欢白居易的诗歌并擅长借题发挥。日本文学创作往往会借用白诗一行（日本人自称为"句题和歌"），不断阐释和演绎，谱写新诗。日本的"句题和歌"就是一种大翻译，它对推动白居易"走进"日本文化，变成日本的文化记忆起到了重要作用。

什么叫大翻译？大翻译是一种集体性、协调性的翻译行为，包括了雅柯布森提出的三类翻译：语内翻译、语际翻译、符际翻译（Jacobson，2000）。大翻译从文本和文化传播的有效性出发，强调各类翻译之间的互动性和建构性，旨在建立一种深层的集体文化记忆，通过模仿、改写、重译、改编等手段，将文学作品经典化、全球化。经典化和全球化是大翻译的试金石。大翻译与文化传播是全球化语境下的一个重要研究课题。由于文化、语言结构以及思维方式三方面差异的普遍存在，文化的对外传播并不总是通畅的，冲突和误解会频频出现。过去，由于译者对中国语言文化的理解不够充分，很多典籍译本存在不同程度的误译。由于时代的局限性，这些译本也被理所当然地接受了。如果不消除这些误译，就会导致中国文化记忆的扭曲，会影响中国形象建构和文化传播。在"一带一路"倡议下，在深入地开展文化交流、推动中华文化的传播方面，大翻译将起到不可估量的作用。"一带一路"，翻译开路。如何推动中国文化、中国文学走向世界，如何用翻译来开路从而把中国文学与其他国家的文学连接起来，平等相处、共同繁荣、共同发展，是摆在翻译家、翻译研究者面前的一个重大课题。实现翻译研究角度的多元化十分必要，人类学、民俗学、宗教学、心理学、神话学、叙述学等研究视角都应该在大翻译中发挥作用。如何让翻译与文化传播紧密结合，在理论上、方法上产生重大的突破，形成大翻译、大数据、大格局，是需要我们思考的重要问题。

大翻译必须立足于一个大格局之上，才能开创理想的局面。这是因为，大格局要求我们从世界性、全球化、超文本、跨学科的层面来思考翻译问题，不仅注重政治、经济、科技、文化等各领域共时层面的翻译和研究，还要更加注重历时层面的典籍翻译和研究，通过共时和历时的翻译研究来形成翻译的集体文化记忆。大格局要求我们从地缘性的角度来挖掘翻译资源，克服研究的不足，提升翻译研究的整体性。美国学者伯尔曼也曾指出，现有翻译研究不断深入，甚至呈现繁荣景象。跨学科研究的形式变得丰富多样，通常包括不同语言、不同文化的文学文本的翻译研究，跨越诗歌与舞蹈、电影与小说、摄影与随笔等文学与艺术形式的翻译研究，以及学科语言与思维方式等方面的翻译研究（Bermann，2009）。

大格局可以使翻译学者免受"文化中心论"的影响，清除翻译研究中的盲点，关注那些我们过去认为不重要的甚至是边缘性的翻译文本。"因为只有在如此宽泛、非霸权主义的地缘学上，文化史的一些基本原则才能得到显现。"（Apter，2008：582）

大翻译应该是在大格局的层面上进行的集体性、协调性的多符号的翻译行为，是通观之下的语符翻译，能够成为历时的文化记忆。中国典籍的阐发和解读在大翻译中尤为重要。大翻译对已有文本符号进行循环阐释、不断解读，从而达到再创造，获得更加深度的理解。通观是大翻译的必备特征，通观意指的翻译活动不是具体的、聚焦的，而是全局的、散分的。语符意味着翻译不仅仅是语言的，而且是符号的，更准确地说是两者的结合。大翻译的感官效果是马赛克式的，非远观无以得其全景；是交响乐式的，一定要协调各方，形成集体合力才能完成任务。这种合力最终能产生集体的文化记忆。所以，从这个角度来看，要提高文化传播的时效和功效，要形成集体文化记忆，我们就必须建构通观之下的语符翻译，获得多角色、多媒介、跨时代的效果。文化传播需要跨界的参与者，如翻译家、作家、批评家，甚至是艺术家、导演等，其作品可以是译作、文学创作、评论，还可以是音乐、话剧、电影等。大翻译的文化传播需借助各类载体，如图书、音像、舞台、网络等，这种立体化、协调化的翻译能产生无比巨大的作用。大翻译不仅具有跨学科的特征，还具有跨符号的特征。大翻译的目的决定了文化传播不仅是我们当下的研究课题，而且将一直是重要的研究课题。我国典籍的阐释、翻译和文化意象的建构，需要一代代人不懈努力，去提升文化传播的时效和功效，最终促进集体文化记忆的形成。

5. 大翻译催生的集体文化记忆

作为翻译研究的新引擎，文化记忆的介入将大大推动翻译和翻译研究在中国的发展。经典作品是具有生活热情的人反复去阐释、阅读、歌颂，从而一代代流传下去的优秀作品。文化记忆建立在经典之上，经典存于阐释之上，阐释建立在理论的循环之上，经典、阐释与理论的循环，就催生了一个民族和一个集体的文化记忆。作家（艺术家）、翻译家、评论家在一个原始文本中共同发生作用，共时和历时的文本符号在新时代里发酵，通过大翻译获得新生。

《山海经》是一部先秦典籍，一部富于神话传说的古老的地理书。《山海经》主要记述了古代地理、物产、神话、巫术、宗教等方面的内容，也包括历史、医药、民俗、民族等。很多中国文化记忆，如精卫填海、女娲补天、夸父追日等都可以追溯至此。《山海经》最初有图有文本，至少部分是带图的，后来古图遗失了，但文字得以流传（马昌仪，2000）。《山海经》是我国神话的文化记忆原点，但由于《山海经》中的故事是碎片化的，缺乏时间叙事链条，缺乏话语的推理与演进，故从本质上说，它是静态的空间叙事作品。袁珂（1988：22）对此有过评论："这类故事情节完整的神话，在《山海经》中，实在并不多见。检核起来，不过是七八段罢了。"由于缺少时间叙事链条，即使空间的、独立的叙事错位，或者氛围更换，也不会对叙事的接收产生直接的影响。但在这种情形下，作品会给习惯时间叙事的西方读者带来重重障碍，缺乏丰富的情节和承上启下的叙事，个体翻译文本很难吸引读者，无法有效地建构集体文化记忆。而且，文字只是文化记忆继承和传播的一种媒介，自身存在局限性。读者需要细读《山海经》背后的文化，阅读绘画本，才能追踪和发现其蕴藏的丰富内涵。仅凭文字翻译，效果会远不尽如人意。此时，我们只有从集体文化记忆的思路出发，用大翻译来建构宏大的中国神话叙事体系。

在大翻译中，时间叙事可以在文本的符号演绎中得到补充和阐发。大翻译甚至可以让普通读者（包括儿童）从不同的角度、以不同的符号来阅读和吸收这部远古的神话作品。文化记忆的传承和传播离不开对经典的不断阐释，《山海经》这部作品在语内翻译之外，还有语际翻译和符际翻译。1992年，高行健出版剧本《山海经传》，意在勾勒出一个中国远古神话的谱系，是对中国神话叙事体系的创新与发展。2012年，导演林兆华在香港艺术节上用戏剧给观众呈现了高行健的《山海经传》，在文艺界产生轰动效应。其实，《山海经传》曾于2008年被香港导演蔡锡昌搬上舞台，但林兆华的本子采用了高行健的建议，选取和结合了少见的民间传统艺术，如陕西华阴的老腔和贵州的民间面具，使戏剧产生了新的质地（周文龙，2012）。不同的传播媒介存在各自的优势和不足，文化记忆的延续需要多种媒介进行全方位、立体式的合作，从而取得相得益彰的效果。因此，《山海经》的翻译需要不同的形式，包括图解版的《山海经》，还包括交响乐和电视剧版的《山海经》。从语内翻译到语际翻译，再到符际翻译，几种翻译通过不同媒介相互融合，就形成了大翻译。一部作品被一代又一代人阐释、演绎就能成为经典，成为一种集体的文化记忆，就能走向世界。我们也可以看到有关《山海经》的音乐作品、电影、画册等。王敏（2019）的博士论文对《山海经》神话的译本进行了多模态互文性研究，以及文本细读、多语种对比分析，是对中国神话翻译的深层次思考，不失为一种有益的探索。

《海上花列传》是清末小说（作者韩邦庆），作品先在杂志上连载，后集结成书。该书由吴语写成，是中国第一部方言小说，主要描述清末上海十里洋场中的妓院生活，内容涉及当时的官场、商界及与之相关的社会层面。由于使用方言，作品的传播范围有限。据说这部作品开始并不出名，后来鲁迅、胡适的推介使其渐渐有了些名气。20世纪50年代，张爱玲将《海上花列传》译成普通话，完成了该书的语内翻译。该书后来出现了很多新版本，书名变化甚多，如《海上花》《海上花开》《海上花落》。语内翻译是对原有文化记忆进行演绎、阐释的过程。张爱玲后来去了美国，又将《海上花列传》译成英文。1998年，侯孝贤以《海上花列传》为蓝本导演了电影《海上花》，由著名演员刘嘉玲、梁朝伟、李嘉欣等联袂主演。再后来，香港中文大学孔慧怡在张爱玲英译本的基础上重译《海上花列传》，并用英文撰写了导言，该译著于2005年由哥伦比亚大学出版社出版，译名为 *The Sing-song Girls of Shanghai*，获得巨大成功。《海上花列传》最初只是一部反映特定时期上海社会与文化的吴方言作品，名气甚小，但经过几代人的共同努力，通过各种形式的语符翻译，借助不同的传播媒介，作品影响力不断扩大，走向了全国，甚至走向了世界。这就是笔者提倡的大翻译。阐释、再现、演绎和发展让作品以鲜活的记忆形式留存下来，得到充分沉淀，最终形成了集体文化记忆。穷则变，变则通，通则久，作品的生命力与文化记忆的形成离不开变化和发展，这是通观之下的语符翻译要达到的效果。

6. 结语

大翻译和文化记忆是基于中国翻译和文化而提出的一种整体的、立体的、全方位的战略考虑，它具有跨学科性、人文传承性和可持续发展性。加强文化自信和文化自觉在文化传播中尤为重要。文化自觉指生活在一定文化中的人对其文化有"自知之明"，明白它的来历、形成过程、所具有的特色和发展趋向，不带有任何"文化回归"的意思（费孝通，2016）。翻译中的文化自觉指，既对本民族的文化、历史有清醒的认识，又能够清醒地认识目标语的文化、历史以及思维方式，并在对比的基础上开展翻译和研究。要做好翻译研究，仅有文化自信是不够的。文化自信和文化自觉相辅相成，要建构中国集体文化记忆，必须有一批有定力、够热情的学者，孜孜不倦地阐释、解读、翻译中国的典籍和文学作品，世世代代，薪火相传。

目前我国经济发展平稳，国家在人文科研领域的投入力度不断加大，从事文学、文化、翻译研究的学者要抓住机遇，心怀大格局，掌握大数据，创造大翻译，建构和提升中国集体文化记忆，培育自成体系的中国翻译研究，促进中国和西方在翻译研究领域的对话与合作，帮助中华文化"走出去"，为世界贡献中国智慧。

参考文献

- 阿斯曼A. 记忆的三个维度：神经维度、社会维度、文化维度 [C] // 冯亚琳，埃尔. 文化记忆理论读本. 北京：北京大学出版社，2012：43-46.

- 阿斯曼A，阿斯曼J. 昨日重现——媒介与社会记忆 [C] // 冯亚琳，埃尔. 文化记忆理论读本. 北京：北京大学出版社，2012：20-42.

- 曹顺庆. 文论失语症与文化病态 [J]. 文艺争鸣，1996（2）：50-58.

- 费孝通. 文化与文化自觉 [M]. 北京：群言出版社，2016.

- 哈布瓦赫. 集体记忆与个体记忆 [M] // 冯亚琳，埃尔. 文化记忆理论读本. 北京：北京大学出版社，2012：47-66.

- 黄友义. 中国站到了国际舞台中央，我们如何翻译 [J]. 中国翻译，2015（5）：5-7.

- 季羡林.《东方文论选》序 [J]. 中外文化与文论，1996（1）：256-257.

- 罗选民. 关于翻译与中国现代性的思考 [J]. 中国外语，2012（2）：1-6.

- 罗选民. 文化记忆与翻译研究 [J]. 中国外语，2014（3）：40-44.

- 罗选民. 从"硬译"到"易解"：鲁迅的翻译与中国现代性 [J]. 中国翻译，2016（5）：32-37.

- 吕俊. 目前我国译学研究的困境与出路 [J]. 上海翻译，2014（3）：1-6.

- 马昌仪. 山海经图：寻找《山海经》的另一半 [J]. 文化遗产，2000（6）19-29.

- 谭载喜. 中国翻译研究：回望·反思·前瞻 [J]. 中国翻译，2012（4）：7-9.

- 王敏. 中国神话在早期欧洲翻译研究 [D]. 北京：清华大学，2019.

- 许钧. 直面历史 关注现实——关于新时期翻译研究的两点建议 [J]. 外国语，2014（3）：2-3.

- 袁珂. 中国神话史 [M]. 上海：上海文艺出版社，1988.

- 张柏然，姜秋霞. 对建立中国翻译学的一些思考 [J]. 中国翻译，1997（2）：7-9.

- 周文龙. 林兆华导演高行健《山海经传》[OL]. http://www.xiquwenhua.net/xiqudaquan/xinwen/2012/26121.html，2012-02-25.

- APTER E. Untranslatables: A world system[J]. New Literary History, 2008, 39(3): 581-598.

- ASSMANN A. Cannon and Archive[C] // ASTRID E, ANSGAR N(ed.). Cultural memory studies: An international and interdisciplinary handbook. Berlin: Walter de Gruyter GmbH & Co., 2008.

- ASSMANN J. Communicative and cultural memory[C] // ASTRID E, ANSGAR N (ed.). Cultural memory studies: An international and interdisciplinary handbook. Berlin: Walter de Gruyter GmbH & Co., 2008.

- BERMANN S. Working in the and zone: Comparative literature and translation[J]. Comparative Literature, 2009, 61 (4): 432-446.

- HAN B. The sing-song girls of shanghai[M]. CHANG E, HUNG E (trans.). New York: Columbia University Press, 2017.

- JACOBSON R. On linguistic aspects of translation[C] // VENUTI L. The Translation Studies Reader (2nd Ed.). London: Routledge, 2000: 113-118.

- LUO X. Big translation and cultural memory : The construction and transmission of national images [J]. Asia pacific translation and intercultural studies, 2017(1): 1-2.

图书在版编目（CIP）数据

超越翻译：罗选民学术论文自选集 / 罗选民著. --
北京：高等教育出版社，2022.4
（英华学者文库 / 罗选民主编）
ISBN 978-7-04-053801-4

Ⅰ.①超… Ⅱ.①罗… Ⅲ.①翻译－文集 Ⅳ.
①H059-53

中国版本图书馆CIP数据核字 (2020) 第038785号

CHAOYUE FANYI
—LUOXUANMIN XUESHU LUNWEN ZIXUANJI

策划编辑		出版发行	高等教育出版社
肖 琼		社　　址	北京市西城区德外大街4号
秦彬彬		邮政编码	100120
		购书热线	010-58581118
责任编辑		咨询电话	400-810-0598
秦彬彬		网　　址	http://www.hep.edu.cn
			http://www.hep.com.cn
封面设计		网上订购	http://www.hepmall.com.cn
王凌波			http://www.hepmall.com
			http://www.hepmall.cn
版式设计			
王凌波		印　　刷	河北信瑞彩印刷有限公司
		开　　本	787mm×1092mm　1/16
责任校对		印　　张	13.5
王 雨		字　　数	220千字
		版　　次	2022年4月第1版
责任印制		印　　次	2022年8月第2次印刷
耿 轩		定　　价	74.00元

本书如有缺页、倒页、脱页等质量问题，
请到所购图书销售部门联系调换。